Sir Arthur Conan Doyle

Ausgewählte Werke ~ Band 30

Die rote Lampe

Sir Arthur Conan Doyle

Die rote Lampe

TATSACHEN UND FANTASIEN
AUS DEM LEBEN EINES MEDIZINERS

ERZÄHLUNGEN

AUS DEM ENGLISCHEN ÜBERSETZT VON
NADINE ERLER

HERAUSGEGEBEN VON OLAF R. SPITTEL

VERLAG 28 EICHEN
BARNSTORF

Übersetzung aus dem Englischen von Nadine Erler (2009)
Originaltitel: Round the Red Lamp.
Being Facts and Fancies of Medical Life.
Erste Buchausgabe: Methuen & Co., London 1894
Einzeltitel und Quellen finden sich am Schluß des Bandes.

Deutsche Erstveröffentlichung

Die Deutsche Bibliothek verzeichnet diese Publikation
in der Deutschen Nationalbibliographie.
Detaillierte bibliographische Daten sind im Internet über
http://dnb.ddb.de abrufbar

ISBN 978-3-940597-33-5

Cover unter Verwendung eines Stahlstiches aus
Spamers Illustrirtes Konversations-Lexikon, Leipzig 1893

Schattenriß auf Seite 2 aus: Bernhard Fehr: Die englische Literatur des 19. und 20. Jahrhunderts. Akademische Verlagsgesellschaft Athenaion, Berlin-Neubabelsberg 1923 nach: Bookman 1912

Inhalt

Vorwort

(Auszug aus einem langen und regen Briefwechsel mit einem Freund in Amerika)

Ich verstehe Deinen Einwand, daß Geschichten mit dem Anspruch, das Leben eines Arztes mit einer gewissen Realitätsnähe zu schildern, einem Invaliden oder einer Frau von schwacher Gesundheit nicht gut bekommen würden.

Wenn man aber mit diesem Leben zu tun hat und einem etwas daran liegt, daß seine Ärzte keine bloßen Marionetten sind, ist es wichtig, die dunklen Seiten darzustellen, denn ein Chirurg oder Arzt bekommt hauptsächlich diese zu sehen.

Er sieht zwar auch viele schöne Dinge – Tapferkeit und Heldentum, Liebe und Selbstaufopferung –, aber diese kristallisieren (wie alle unsere edlen Eigenschaften) erst im Unglück heraus.

Man kann nicht über das Leben eines Mediziners schreiben und dabei guter Laune sein.

Warum schreibt man dann überhaupt darüber? fragst Du vielleicht. Warum soll man sich mit etwas befassen, das wehtut? Dazu sage ich, daß traurige Themen ebenso Sache der Literatur sind wie schöne.

Eine Geschichte, die einem eine langweilige Stunde verkürzt, erfüllt einen guten Zweck, aber das gleiche gilt für eine Geschichte, die die ernsten Seiten des Lebens hervorhebt.

Eine Erzählung, die den Leser aus seinem geistigen Trott aufschreckt und ihn durch einen heilsamen Schock zu ernsthaftem Nachdenken bringt, ist wie eine Medizin, die bitter schmeckt, aber eine segensreiche Wirkung hat.

Ein paar der Geschichten in dieser kleinen Sammlung mögen eine solche Wirkung haben – und ich habe sie bisher nicht veröffentlicht, weil ich Deine Bedenken geteilt habe. An dem Titel kann der Leser erkennen, daß es um das Thema Medizin geht, und selbst entscheiden, ob er das Buch lesen oder im Regal stehenlassen will.

Dein ergebener Freund
A. Conan Doyle

P. S.: Du fragst, was mit der roten Lampe gemeint ist. Es ist das Zeichen des Allgemeinmediziners in England.

Ein Relikt

Mein erstes Gespräch mit Dr. Winter fand unter dramatischen Umständen statt – um zwei Uhr morgens im Schlafzimmer eines alten Landhauses. Ich trat zweimal gegen seine weiße Weste und schlug ihm seine Goldbrille von der Nase, während er mit der Unterstützung einer Komplizin mein wütendes Geschrei mit einem Flanell-Damenunterrock erstickte und mich in ein warmes Bad tauchte.

Mir wurde erzählt, daß mein Vater oder meine Mutter – ein Elternteil war zufällig dabei – bemerkte, meine Lungen seien in Ordnung. Ich erinnere mich nicht, wie Dr. Winter damals aussah, weil ich an andere Dinge zu denken hatte, aber seine Beschreibung von mir ist alles andere als schmeichelhaft. Ein zerzauster Haarschopf, eine Figur wie eine Weihnachtsgans, O-Beine und deformierte Füße – das sind die charakteristischsten Merkmale, die ihm noch einfallen.

Von diesem Zeitpunkt an markierten Dr. Winters wiederholte tätliche Angriffe gegen meine Person meine Lebensabschnitte. Er impfte mich, er schnitt einen Abszeß auf, er impfte mich gegen Mumps. Ich lebte in einer friedlichen Welt, und er war die bedrohliche Gewitterwolke am heiteren Himmel. Doch dann wurde ich wirklich krank und lag insgesamt vier Monate in meinem Weidenkorb. Da stellte ich fest, daß die herben Gesichtszüge weich werden konnten, daß die derben knarrenden Stiefel sehr leise zu einer Bettkante schleichen konnten, und daß die rauhe Stimme zu einem Flüstern gedämpft werden konnte, wenn sie mit einem kranken Kind sprach.

Und jetzt ist das Kind selbst Arzt, aber Dr. Winter ist noch ganz der alte. Seit ich ihn das erste Mal gesehen habe, ist mir keine Veränderung aufgefallen, außer daß das bräunliche Haar ein paar weiße Strähnen aufweist und die breiten Schultern etwas eingefallen sind. Er ist ein sehr großer Mann, büßt aber durch seine gebeugte Haltung ein paar Zoll ein. Sein breiter Rücken hat sich solange über Krankenbetten gebeugt, bis die Haltung dauerhaft geblieben ist. Sein Gesicht ist gebräunt, und auf langen Wegen über holprige Landstraßen haben Wind und Wetter ihre Spuren darauf hinterlassen. Sein Gesicht wirkt aus einigem Abstand glatt, aber wenn man sich ihm nähert, bemerkt man, daß es von unzähligen feinen Fältchen durchzogen ist wie ein schrumpliger Apfel. Man sieht sie kaum, wenn sein Gesicht unbewegt ist, aber wenn er lacht, sieht sein Gesicht aus wie ein Glas mit Sprüngen, noch älter sein muß, als er ohnehin schon aussieht.

Wie alt er wirklich ist, habe ich nie erfahren. Ich habe oft versucht, es herauszufinden, und konnte die Quellen seiner Geisteshaltung sogar bis hinunter zu George IV[1] und zur Regency[2] zurückverfolgen, ohne jedoch wirklich auf ihren Ursprung zu stoßen. Sein Geist muß schon sehr früh offen für neue Eindrücke gewesen sein, aber er muß ebenso früh wieder abgeschaltet haben, denn die Tagespolitik interessiert ihn

1 Georg IV. August Friedrich, war von 1820 bis 1830 König des Vereinigten Königreichs von Großbritannien und Irland und König von Hannover.

2 umschreibt die Zeit von 1811 bis 1820 in Großbritannien

nur wenig, während er sich über prähistorische Fragen furchtbar ereifern kann. Er schüttelt den Kopf, wenn er von der ersten Reform Bill[3] spricht und äußert erhebliche Zweifel an ihrem Sinn, und ich habe gehört, wie er – angeregt durch ein Glas Wein – Robert Peel[4] und dessen Aufhebung der Mais-Gesetze scharf kritisiert hat. Der Tod dieses Staatsmannes war das Ende der Geschichte Englands, und Dr. Winter hat für alles, was danach passiert ist, nur ein Achselzucken übrig.

Aber erst, als ich selbst Arzt geworden war, wurde mir wirklich klar, daß er ein echtes Relikt einer vergangenen Generation ist. Er hat Medizin in jenem obsoleten und vergessenen System studiert, in dem ein Jugendlicher Chirurg werden konnte, zu einer Zeit, in der Anatomie durch Grabschändung gelehrt wurde. Seine Ansichten über seinen eigenen Beruf sind noch reaktionärer als die über Politik. Fünfzig Jahre hatten ihm wenig gebracht und noch weniger genommen. Impfungen waren schon in seiner Jugend bekannt gewesen, aber ich habe den Verdacht, daß er eine geheime Vorliebe für die Inokulation hat. Er würde seine Patienten ohne weiteres zur Ader gelassen haben, wäre da nicht die öffentliche Meinung. Chloroform hält er für eine gefährliche Neuerung und schnalzt immer mit der Zunge, wenn es erwähnt wird. Er soll sogar abfällige Dinge über Laennec gesagt und das Stethoskop als ein „neumodisches französisches Spielzeug“ bezeichnet haben. Er hat ein Stethoskop in seinem Hut, aus Rücksicht auf die Erwartungen seiner Patienten, aber er hört sehr schlecht, so daß es keine große Rolle spielt, ob er es benutzt oder

3 Reform Act von 1832

4 britischer Premierminister 1834 bis 1835

nicht. Er liest pflichtschuldig seine medizinische Wochenzeitung, so daß er eine ungefähre Ahnung vom Fortschritt der modernen Wissenschaft hat. Er bleibt dabei, daß es ein gewaltiges und ziemlich albernes Experiment ist. Die Theorie über Bakterien als Ursache von Krankheiten erheiterte ihn lange, und sein Lieblingswitz in Krankenzimmern war: „Macht die Tür zu, sonst kommen die Bakterien rein!“ Was Darwins Evolutionstheorie betraf, war sie für ihn der Witz des Jahrhunderts. „Der Nachwuchs im Kinderzimmer und die Vorfahren im Stall“, sagte er und lachte dabei Tränen.

Er hinkt dem Zeitgeist soweit hinterher, daß er sich manchmal dabei ertappt, daß er der Mode voraus ist.

Diäten zum Beispiel waren in seiner Jugend sehr en vogue, und er hat mehr praktisches Wissen darüber als irgend jemand sonst, der mir begegnet ist. Auch mit der Massage war er schon vertraut, als sie unserer Generation noch neu war. Er hat außerdem zu einer Zeit studiert, als die Instrumente noch sehr primitiv waren, und hat gelernt, mehr auf seine eigenen Finger zu vertrauen. Er hat die idealen Chirurgenhände: eine muskulöse Handfläche und geschmeidige Finger „mit einem Auge an der Spitze“.

Ich werde nicht so leicht vergessen, wie Dr. Patterson und ich Sir John Sirwell, ein Mitglied des County, operiert haben und den Gallenstein nicht finden konnten. Es war ein schrecklicher Augenblick. Unsere Karriere stand auf dem Spiel. Und da steckte Dr. Winter, den wir nur höflichkeitshalber gebeten hatten, dabeizusein, einen scheinbar neun Zoll langen Finger in die Wunde und zog den Stein an seinem Ende heraus. „Am besten hat man immer einen in der Westentasche“, gluckste er vergnügt, „aber ich nehme an, ihr jungen Leute seid euch dazu zu fein.“

Wir wählten ihn zum Präsidenten unseres Zweiges der British Medical Association, aber er trat schon nach der ersten Sitzung zurück. „Die jungen Männer sind zuviel für mich“, sagte er. „Ich verstehe nicht, wovon sie reden.“

Aber seinen Patienten geht es gut. Er kann durch Handauflegen heilen – er hat diese magnetische Kraft, die sich Erklärungen und Analysen entzieht und dennoch eine Tatsache ist. Seine bloße Anwesenheit flößt dem Patienten Hoffnung und Lebensmut ein. Der Anblick von Krankheiten wirkt auf ihn wie Staub auf eine gute Hausfrau – er wird ärgerlich und ungeduldig. „Na, na, das geht aber nicht!“ ruft er, wenn er einen neuen Fall übernimmt. Er scheucht den Tod wie ein Huhn aus dem Zimmer. Aber wenn der Eindringling nicht verschwinden will, wenn das Blut immer langsamer fließt und die Augen immer trüber werden, dann schafft Dr. Winter mehr als alle Medikamente zusammen. Sterbende klammern sich an ihn wie Ertrinkende an einen letzten Strohhalm, und sein freundliches, wettergegerbtes Gesicht war der letzte Eindruck von dieser Welt, den manch ein Leidender mit ins Jenseits genommen hat.

Als Dr. Patterson und ich – wir sind beide jung, energisch und auf dem neuesten Stand – unsere Praxis in dem Distrikt eröffneten, empfing der alte Arzt uns beide sehr herzlich. Er wäre nur zu froh gewesen, ein paar seiner Patienten loszuwerden. Die Patienten selbst jedoch hatten ihren eigenen Kopf – eine höchst lästige Marotte – und ließen uns links liegen, uns und unsere modernen Instrumente und neuesten Alkaloide, während er der ganzen Gegend Sennesblättern und Calomel[5] eintrichterte. Wir beide liebten den alten

5 mineralische Form des Quecksilberchlorids, Hg_2Cl_2

Mann, aber wenn wir unter uns waren, konnten wir es uns trotzdem nicht verkneifen, seinen bedauerlichen Mangel an Urteilsvermögen zu kommentieren.

„Für die ärmeren Leute ist es akzeptabel“, sagte Patterson. „Aber die gebildeten Schichten haben ein Recht zu erwarten, daß ihr Arzt den Unterschied zwischen einem Mitral murmur[6] und einem Bronchitic rale[7] kennt. Die Fakten sind entscheidend, nicht die Gefühle – das ist der Punkt!“

Ich stimmte Patterson voll und ganz zu. Doch dann geschah es, daß wenig später eine Grippeepidemie ausbrach, und wir schufteten uns alle halbtot. Eines Morgens traf ich Patterson, als ich gerade meine Runde machte, und fand, daß er ziemlich blaß und mitgenommen aussah. Er sagte dasselbe zu mir. Ich fühlte mich tatsächlich alles andere als gut, und am Nachmittag lag ich auf dem Sofa – mein ganzer Körper schmerzte, vor allem der Kopf schien zu bersten. Gegen Abend mußte ich mir eingestehen, daß die Krankheit mich befallen hatte, und ich hatte das Gefühl, möglichst schnell einen Arzt zu brauchen. Natürlich dachte ich an Patterson, aber plötzlich empfand ich eine Abneigung gegen ihn. Ich dachte an seine kalte, kritische Haltung, seine ewige Fragerei, seine Tests und sein Abklopfen. Ich wollte etwas Beruhigenderes – etwas Aufmunterndes.

„Mrs. Hudson“, sagte ich zu meiner Haushälterin, „würden Sie bitte zu dem alten Dr. Winter gehen und ihm sagen, daß ich ihm sehr dankbar wäre, wenn er vorbeikommen würde?“

Sie war kurz darauf mit einer Antwort wieder da. „Dr. Winter wird ungefähr in einer Stunde kommen, Sir, aber er wurde gerade geholt, um Dr. Patterson zu helfen.“

---

6 fauchendes Geräusch bei einem Defekt der Mitralklappe

7 bronchitisches Rasseln

Die Nachhut von ’15

Es war ein düsterer Oktobermorgen. Dichte Nebelschwaden hingen tief über den feuchten Dächern der Häuser von Woolwich. In den langen Straßen zwischen den Backsteinhäusern war alles heruntergekommen, schmuddelig und trostlos.

Aus den hohen finsteren Gebäuden der Fabrik kam das Geräusch von vielen Rädern, das dumpfe Geräusch, mit dem schwere Gegenstände aneinanderstoßen, ein babylonisches Stimmengewirr und ein Summen wie aus einem Bienenstock. Die Behausungen der Arbeiter, rußgeschwärzt und unschön, verschwanden dahinter in einer schmaler werdenden Straße.

Es waren nur wenige Leute auf den Straßen zu sehen, denn die Arbeiter waren bei Tagesanbruch von jenem riesigen, qualmausstoßenden Monster aufgesogen worden, das morgens die Männer der Stadt verschluckte und sie jeden Abend ausgebrannt und schmutzig wieder ausspie. Kleine Gruppen von Kindern trabten zur Schule oder belagerten Fensterscheiben, um einen Blick auf die großen Bibeln mit Goldecken zu werfen, die auf kleinen dreibeinigen Tischen ihren Ehrenplatz hatten.

Stämmige Frauen mit dicken roten Armen und schmutzigen Schürzen standen auf den gebleichten Stufen, stützten sich auf ihre Besen und kreischten ihr „Guten Morgen“ über die Straße hinweg. Eine von ihnen – noch stämmiger, röter und dreckiger als die übrigen – hatte einen kleinen Klüngel von Schreckschrauben um sich geschart und redete wie ein Wasserfall. Die Zuhörerinnen kommentierten ihre Bemerkungen mit schrillem Gelächter.

„Alt genug, um es besser zu wissen!“ schrie sie als Erwiderung auf einen Ausruf einer Zuhörerin. „Wenn er jetzt noch keinen Verstand hat, glaube ich nicht, daß er noch viel dazukriegt, bevor er über den Jordan geht. Wie alt ist er eigentlich? Wenn ich das bloß rauskriegen könnte!“

„Na, das ist nicht schwer zu schätzen“, sagte eine Frau mit blassem Gesicht, scharfen Zügen und wäßrigblauen Augen. „Er war in der Schlacht von Waterloo dabei und hat die Pension und eine Medaille als Beweis.“

„Das ist ja ewig her!“ bemerkte eine dritte. „Vor meiner Geburt!“

„Es war fünfzehn Jahre nach Beginn des Jahrhunderts“, rief eine jüngere Frau, die an die Wand gelehnt dagestanden und überlegen gelächelt hatte. „Das hat mein Bill letzten Samstag gesagt, als ich ihm vom alten Daddy Brewster hier erzählt habe.“

„Und angenommen, daß er die Wahrheit gesagt hat, Missus Simpson, wieviel macht das?“

„Jetzt haben wir 1881“, sagte diejenige, die als erste gesprochen hatte, und zählte die Jahre mit ihren roten Wurstfingern ab, „und die Schlacht war 1815. Zehn und zehn, und zehn und zehn und zehn – das sind ja nur sechsundsechzig Jahre, also ist er gar nicht so alt.“

„Aber er war bei der Schlacht doch kein Baby mehr, du dumme Gans!“ rief die junge Frau mit einem Glucksen.

„Stell dir vor, er war erst zwanzig – dann muß er jetzt sechsundachtzig sein – mindestens!“

„Ja, das ist er – keinen Tag jünger!“ riefen mehrere.

„Ich habe die Nase voll von ihm“, bemerkte die dicke Frau düster. „Wenn seine junge Nichte oder Großnichte oder was auch immer heute kommt, bin ich verschwunden, und er kann sich jemand anderen zum Arbeiten suchen. Das eigene Zuhause kommt zuerst, sag ich!“

„Ist er nicht pflegeleicht, Mrs. Simpson?“ fragte die jüngste aus der Gruppe.

„Hört ihn euch an!“ antwortete sie und lauschte mit halb ausgestreckter Hand und schiefgelegtem Kopf auf die Geräusche, die durch die offene Tür kamen. Man hörte ein Scharren und das Hämmern eines Stocks. „Er marschiert auf und ab, das nennt er seinen Wachdienst. Die halbe Nacht verbringt er mit diesem Spiel, der alte Trottel. Heute morgen um sechs hat er mit einem Stock an meine Tür gehämmert. ‚Antreten, Garde!‘ hat er geschrien – und noch mehr in einem Jargon, aus dem ich nicht schlau wurde. Und bei seinem Husten, Keuchen und Spucken ist an Schlafen nicht zu denken. Hört ihn euch jetzt an!“

„Missus Simpson, Missus Simpson!“ krächzte eine heisere und mürrische Stimme von oben.

„Das ist er!“ rief sie und nickte triumphierend. „Er hat irgendetwas Skandalöses vor. – Ja, Mr. Brewster, Sir.“

„Ich will meine Morgenration, Mrs. Simpson.“

„Ist gerade fertig, Mr. Brewster, Sir.“

„Verflixt, schreit er nicht wie ein Baby nach seinem Brei?“ sagte die junge Frau.

„Manchmal habe ich Lust, dieses alte Knochengerüst durchzuschütteln!“ rief Mrs. Simpson wütend. „Aber was haltet ihr davon, wenn wir uns einen Kurzen für vier Penny genehmigen?“

Die ganze Gesellschaft wollte gerade zum Pub hinüberschlurfen, als ein junges Mädchen die Straße überquerte und die Haushälterin zaghaft am Arm berührte. „Ich glaube, das ist hier ist Arsenal View 56“, sagte sie. „Können Sie mir sagen, ob Mr. Brewster hier wohnt?“

Die Haushälterin warf einen kritischen Blick auf den Neuankömmling. Es war ein Mädchen um die Zwanzig und einigermaßen ansehnlich, mit einem runden Gesicht, Stupsnase und großen, ehrlichen grauen Augen. Ihr Kleid aus bedrucktem Stoff, ihr Strohhut mit grellbunten Mohnblumen und das Bündel, das sie bei sich trug, wirkten ländlich.

„Sie sind Norah Brewster, nehme ich an“, sagte Mrs. Simpson und musterte sie mit unfreundlicher Miene von Kopf bis Fuß.

„Ja, ich bin gekommen, um mich um meinen Großonkel Gregory zu kümmern.“

„Eine gute Idee“, rief die Haushälterin und warf den Kopf in den Nacken. „Es wird Zeit, daß jemand von seinen eigenen Leuten ihn übernimmt, denn mir reicht's! Und da sind Sie nun, junge Frau! Kommen Sie rein und fühlen Sie sich wie zu Hause. Es ist Tee in der Büchse und Schinken auf der Anrichte, und der alte Mann geht Ihnen an die Gurgel, wenn Sie ihm nicht das Frühstück bringen. Ich lasse meine Sachen heute abend abholen.“ Sie nickte und trottete mit den anderen Klatschtanten in Richtung Pub. Sich selbst überlassen, ging das Mädchen vom Land ins Vorzimmer und nahm Hut und Mantel ab.

Es war ein niedriger Raum mit einem prasselnden Feuer, auf dem ein kleiner Kuperkessel fröhlich vor sich hin pfiff. Das Tischtuch, das nur den halben Tisch bedeckte, war fleckig. Auf dem Tisch stand eine leere braune Teetasse, ein Laib Brot und ein rustikales Porzellangeschirr.

Norah Brewster sah sich um und nahm sofort ihre neuen Pflichten in Angriff. Bevor fünf Minuten um waren, war der Tee fertig, in der Pfanne brutzelten zwei Scheiben Schinken, der Tisch war gedeckt, die Spitzendecken auf den düsteren braunen Möbelstücken zurechtgezupft, und das ganze Zimmer strahlte Gemütlichkeit und Ordnung aus.

Als alles erledigt war, betrachtete sie neugierig die Bilder an den Wänden. Ihr fiel eine braune Medaille auf, die sich in einem kleinen viereckigen Etui befand und die an einem purpurfarbenen Band befestigt war. Unter der Medaille lag ein Zeitungsausschnitt. Norah stellte sich auf die Zehenspitzen, stützte sich auf das Kaminsims und reckte den Hals, um ihn lesen zu können. Ab und zu warf sie einen Blick auf den Schinken, der hinter ihr schmorte. Der Ausschnitt war alt und vergilbt, und der Text lautete:

„Am Dienstag fand in der Kaserne des Dritten Regiments der Garde eine beeindruckende Zeremonie statt, während der in Anwesenheit des Prinzregenten, Lord Hills, Lord Saltouns und einer Versammlung, die Schönheit und Tapferkeit vereinigte, Corporal Gregory Brewster aus Captain Haldanes Flankenkompanie als Anerkennung für seine Tapferkeit in der kürzlichen großen Schlacht in der Tiefebene eine besondere Medaille verliehen wurde.

Es begab sich, daß am unvergeßlichen 18. Juni vier Kompanien der Dritten Garde und der Coldstreams unter dem Kommando der Colonels Maitland und Byng das wichtige Bauernhaus von Hougoumont erfolgreich verteidigten. Zu einem kritischen Zeitpunkt ihres Einsatzes stellten die Truppen fest, daß sie nicht mehr genug Pulver hatten. Als er sah, daß die Generäle Foy und Jerome Bonaparte wieder ihre Infanterie für einen

Angriff auf die Stellung vorbereiteten, entsandte Colonel Byng Corporal Brewster mit dem Auftrag, Munition zu beschaffen.

Brewster fand zwei Pulverfässer der Nassauer Division und brachte die Kutscher – nachdem er sie mit seiner Muskete bedroht hatte – dazu, ihr Pulver an Hougoumont abzutreten.

Doch während seiner Abwesenheit waren die Hecken, die die Stellung umgaben, von den Franzosen durch das Feuer einer Haubitzen-Batterie in Brand gesetzt worden, und in einer Kutsche voller Pulver hindurchzufahren, war ein sehr gewagtes Unternehmen.

Das erste Faß explodierte und riß den Kutscher in Stücke. Demoralisiert durch das Schicksal seines Kameraden, wendete der zweite Kutscher seine Pferde, aber Corporal Brewster sprang von seinem Sitz, warf den Mann zu Boden, peitschte die Pulverkutsche durch die Flammen und erreichte glücklich, seine Kameraden.

Dieser Heldentat verdankt die britische Armee ihren Erfolg, denn ohne Pulver wäre es unmöglich gewesen, Hougoumont zu halten, und der Herzog von Wellington hat wiederholt erklärt, daß er nie seine Stellung gehalten hätte, wenn Hougoumont und La Haye Sainte gefallen wären.

Lang lebe der heldenhafte Brewster, um sich der Medaille zu erfreuen, die er so tapfer erkämpft hat, und um mit Stolz auf den Tag zurückzublicken, an dem er in Anwesenheit seiner Kameraden aus den erhabenen Händen des ersten Mannes im Königreich diese Auszeichnung für seine Tapferkeit empfangen hat.“

Durch die Lektüre dieses alten Zeitungsausschnitts wurde die Bewunderung, die das Mädchen schon immer für ihren kriegerischen Angehörigen empfunden hatte, noch größer.

Seit ihrer frühsten Kindheit war er ihr Held, und sie erinnerte sich, wie ihr Vater immer von seinem Mut und seiner Tapferkeit gesprochen hatte; davon, daß er einen jungen Ochsen mit einem Fausthieb niederschlagen und unter jedem Arm jeweils ein dickes Schaf forttragen konnte.

Sie hatte ihn zwar nie gesehen, aber wenn sie an ihn dachte, sah sie ein dilettantisches Gemälde von ihm vor sich, das bei ihnen zu Hause hing. Es zeigte einen Mann mit einem kantigen Gesicht, glattrasiert, robust und mit einer großen Bärenfellmütze.

Sie starrte immer noch die braune Medaille an und fragte sich, was das am Rand eingravierte „Dulce et decorum est" wohl bedeutete, als sie plötzlich tapsige, schlurfende Schritte auf der Treppe hörte und der Mann, an den sie so oft gedacht hatte, in der Tür stand.

Aber konnte das wirklich er sein? Wo waren die kriegerische Ausstrahlung, die funkelnden Augen und das kühne Gesicht, die sie sich vorgestellt hatte? In der Tür stand ein großer, gebeugter alter Mann, mager und runzlig, mit zitternden Händen und schlurfenden, kraftlosen Füßen.

Eine Wolke aus flaumigem weißen Haar, eine rotgeäderte Nase, zwei buschige Augenbrauen und zwei fragende, wasserblaue Augen – das sah sie. Er stützte sich auf einen Stock und beugte sich vor, während seine Schultern sich im Rhythmus seiner schweren, rasselnden Atemzüge hoben und senkten.

„Ich will meine Morgenration",, jammerte er, als er zu seinem Stuhl humpelte.

„Sonst halte ich die Kälte nicht aus. Sieh Dir meine Finger an!", Er streckte seine verkrüppelten Hände aus – sie waren runzlig, mit großen, vorstehenden Knöcheln und blauen Fingerspitzen.

„Es ist schon Nacht“, erwiderte das Mädchen und sah ihn verwundert an. „Kennst Du mich nicht, Großonkel? Ich bin Norah Brewster aus Witham.“

„Rum ist warm“, murmelte der alte Mann und schaukelte mit seinem Stuhl vor und zurück, „und Schnaps ist warm, und Suppe ist heiß, aber Tee tut’s auch. Wie heißt Du noch mal?“

„Norah Brewster.“

„Sprich lauter, Mädchen. Mir scheint, die Leute reden heute leiser als früher.“

„Ich bin Norah Brewster, Onkel. Ich bin Deine Großnichte und aus Essex gekommen, um bei Dir zu wohnen.“

„Du bist die Tochter von Bruder Jarge! Gott, der kleine Jarge hat schon eine Tochter!“ Er lachte heiser in sich hinein, und die langen, elastischen Sehnen seiner Kehle gerieten in Schwingungen.

„Ich bin die *Enkelin* Deines Bruders George“, sagte sie, als sie den Schinken wendete.

„Gott, der kleine Jarge war etwas Besonderes!“ fuhr er fort. „Bei Jimini, der war eine ehrliche Haut. Ich habe ihm meinen Bulldoggenwelpen geschenkt, als ich das Handgeld nahm. Du hast ihn bestimmt davon erzählen hören!“

„Nein, Großvater George ist ja schon zwanzig Jahre tot“, sagte sie und goß den Tee ein.

„Nun, das war ein hübscher Welpe – ja, und gut erzogen, bei Jimini! Ich friere, ich brauche meine Ration. Rum und Schnaps sind gut, aber Tee tut’s auch.“

Er atmete schwer, als er sein Essen verschlang. „Es ist nicht schlecht, daß Du gekommen bist“, sagte er schließlich. „Der Wagen ist wahrscheinlich gestern wieder abgefahren.“

„Der was, Onkel?“

„Die Kutsche, mit der Du gekommen bist.“

„Aber nein, ich bin mit dem Morgenzug gekommen!“

„Himmel, das muß man sich mal vorstellen! Hast Du keine Angst vor diesem neumodischen Zeug? Bei Jimini, Du und mit dem Zug gekommen! Was steht dieser Welt noch bevor?“

Für ein paar Minuten herrschte Stille, als Norah dasaß, ihren Tee umrührte und verstohlene Blicke auf die bläulichen Lippen und die kauenden Kiefer ihres Gegenübers warf.

„Du mußt viel erlebt haben, Onkel“, sagte sie. „Es muß für Dich ewig lange her sein!“

„So lange nun auch wieder nicht. An Lichtmeß werde ich neunzig, aber es scheint mir gar nicht lange her zu sein, daß ich beim Militär war. Und die Schlacht – es kommt mir vor, als sei es gestern gewesen. Ah, die Ration bekommt mir gut!“ Er sah wirklich nicht mehr so ausgelaugt und farblos aus als zu dem Zeitpunkt, da sie ihn das erste Mal gesehen hatte. Sein Gesicht war gerötet, und er saß aufrechter.

„Hast Du das gelesen?“ fragte er und wies mit einer Kopfbewegung auf den Zeitungsausschnitt.

„Ja, Onkel, und ich bin sicher, daß Du stolz darauf bist.“

„Ach, das war ein großer Tag für mich! Wirklich ein großer Tag! Der Regent war da – ein feiner Kerl! ‚Das Regiment ist stolz auf Sie‘, sagt er. ‚Und ich bin stolz auf das Regiment‘, sage ich. ‚Eine sehr gute Antwort!‘ sagt er zu Lord Hill, und sie brechen beide in Gelächter aus. Aber Du siehst ja die ganze Zeit aus dem Fenster, was gibt’s denn da draußen?“

„Oh, Onkel, ein Regiment von Soldaten kommen die Straße hinuntermarschiert – mit einer Kapelle vorneweg!“

„Ein Regiment, wie? Wo ist meine Brille? Gott, aber ich höre die Kapelle, laut und deutlich! Das sind die Pioniere – und das der Tambourmajor! Wieviele mögen das sein, Mädel?“ Seine Augen leuchteten, und seine knochigen gelben Finger krallten sich wie die Klauen eines Raubvogels in ihre Schulter.

„Es sind unzählige, Onkel. Sie haben Abzeichen an den Schultern – Oxfordshire, glaube ich.“

„Ach ja!“ knurrte er. „Ich habe gehört, daß sie die Nummern abgeschafft und sich neumodische Namen ausgedacht haben. Da laufen Sie, bei Jimini! Die meisten sind jung, aber immerhin wissen sie noch, wie man marschiert. Sie haben den richtigen Rhythmus, das muß ich ihnen zugestehen. Sie haben den richtigen Rhythmus.“ Er starrte ihnen nach, bis auch der letzte um die Ecke gebogen war und ihr gleichmäßiger Marschtritt in der Ferne verklungen war.

Er hatte sich gerade wieder hingesetzt, als die Tür aufging und ein Herr eintrat.

„Ah, Mr. Brewster! Geht es Ihnen heute besser?“ fragte er.

„Kommen Sie herein, Doktor! Ja, mir geht es besser. Aber ich habe so ein Gluckern in der Brust. Das sind die Bronchien! Wenn ich bloß den Schleim loswerden könnte. Können Sie mir nicht etwas gegen den Schleim geben?“

Der Arzt, ein junger Mann mit ernstem Gesicht, legte seine Hand auf die eingefallene, blaugeäderte Brust.

„Sie müssen sich schonen“, sagte er. „Sie dürfen nichts riskieren.“ Es kam ihm vor, als würde der seidene Lebensfaden jeden Moment reißen.

Der alte Mann lachte. „Bruder Jarges Tochter ist ja nun da und hat ein wachsames Auge auf mich. Sie wird schon aufpassen, daß ich keine Bäume ausreiße oder sonst etwas Verbotenes tu. Ach, ich wußte doch, daß etwas gefehlt hat!"

„Wem hat etwas gefehlt?"

„Na, den Soldaten! Sie haben sie vorbeimarschieren sehen, Doktor, oder? Sie hatten ihre Halsbinden vergessen. Keiner von ihnen hatte seine Halsbinde um." Er krächzte und kicherte lange über seine Entdeckung. „Der Herzog hätte das nicht durchgehen lassen!" murmelte er. „Nein, bei Jimini! Der Herzog hätte ein ernstes Wörtchen mit ihnen geredet!"

Der Arzt lächelte. „Nun, Sie machen Fortschritte", sagte er. „Ich schaue etwa einmal die Woche herein, um zu sehen, wie es Ihnen geht."

Als Norah ihn zur Tür begleitete, gab er ihr ein Zeichen, mit nach draußen zu kommen.

„Er ist sehr schwach", flüsterte er. „Wenn Sie merken, daß es bergab geht, müssen Sie mir Bescheid sagen."

„Woran leidet er, Doktor?"

„An neunzig Jahren! In seinen Arterien rieselt der Kalk, und sein Herz ist geschrumpft und schwächlich. Der Mann ist am Ende seiner Kräfte."

Norah musterte die kräftige Gestalt des jungen Arztes und dachte über die neue Verantwortung nach, der sie sich gegenüber sah. Als sie sich umdrehte, stand ein großer Artillerist mit gebräuntem Gesicht, den Karabiner in der Hand und den drei goldenen Winkeln eines Sergeanten auf dem Ärmel vor ihr.

„Guten Morgen, Miss", sagte er und hob einen Finger an seine kesse Mütze mit dem gelben Band. „Ich glaube, hier wohnt ein alter Gentleman namens Brewster, der bei der Schlacht von Waterloo dabei war?"

„Das ist mein Großonkel, Sir", sagte Norah und schlug vor dem direkten, kritischen Blick des jungen

Soldaten die Augen nieder. „Er ist im Wohnzimmer."

„Könnte ich mit ihm reden, Miss? Ich komme ein anderes Mal wieder, wenn es jetzt nicht paßt."

„Ich bin sicher, daß er sich freuen wird, Sie zu sehen, Sir. Er ist drinnen, gehen Sie nur hinein. Onkel, hier ist ein Herr, der Dich sprechen möchte."

„Ich bin stolz, Sie zu sehen, Sir – stolz und froh, Sir", rief der Sergeant, betrat mit drei Schritten das Zimmer und stieß sein Gewehr zu Boden, wobei er salutierte. Norah stand in der Tür, sperrte Mund und Augen auf und fragte sich, ob ihr Großonkel in der Blüte seines Lebens jemals so ausgesehen hatte wie diese imposante Erscheinung, und ob der Sergeant wiederum jemals Ähnlichkeit mit ihrem Großonkel haben würde. Der alte Mann sah blinzelnd zu seinem Besuch auf und schüttelte langsam den Kopf.

„Setzen Sie sich, Sergeant", sagte er und wies mit seinem Stock auf einen Stuhl. „Sie sind sehr jung für solche Abzeichen. Gott, heute bekommt man leichter drei als zu meiner Zeit ein einziges! Die Soldaten waren zu dem Zeitpunkt schon altgediente Veteranen, und man bekam schneller graue Haare als drei Streifen!"

„Ich bin seit acht Jahren beim Militär, Sir", rief der Sergeant. „Macdonald heiße ich – Sergeant Macdonald von der H Battery, Southern Artillery Division. Ich bin hier als Vertreter meiner Kameraden aus der Kaserne, um mitzuteilen, daß wir stolz sind, Sie in der Stadt zu haben, Sir."

Der alte Brewster kicherte und rieb sich die knochigen Hände. „Das hat der Regent auch gesagt", rief er. „‚Das Regiment ist stolz auf Sie', sagt er. ‚Und ich bin stolz auf das Regiment', sage ich. ‚Eine sehr gute Antwort!' sagt er, und er und Lord Hill brechen in Gelächter aus."

„Die Unteroffiziers-Messe wäre stolz und geehrt, Sie begrüßen zu dürfen, Sir“, sagte Sergeant Macdonald; „und wenn Sie den Weg zu uns finden, werden immer eine Pfeife mit Tabak und ein Glas Grog auf Sie warten.“

Der alte Mann lachte, bis er husten mußte. „Die würden mich gern sehen? Diese Gauner!“ sagte er. „Jaja, wenn das Wetter wieder schön wird, komme ich vielleicht mal vorbei. Eine Kantine ist wohl unter eurer Würde, was? Ihr habt eine Messe wie die Offiziere! Wo soll das noch hinführen!“

„Sie waren bei der Linie, Sir, nicht wahr?“ fragte der Sergeant respektvoll.

„Bei der Linie?“ rief der alte Mann, die Stimme schrill vor Verachtung. „Ich habe noch nie im Leben einen Tschako getragen. Ich bin ein Mann der Garde, jawohl. Habe in der Dritten Garde gedient – die sie jetzt Scots Guard nennen. O Gottchen, die sind alle abgezogen – alle – vom alten Colonel Byng bis zu den Trommlern, und ich bin hier zurückgeblieben – das bin ich, Sergeant, ein Nachzügler!“ Ich bin hier, obwohl ich bei ihnen sein sollte. Aber es ist nicht meine Schuld, denn ich bin bereit, auszurücken, wenn der Befehl kommt.“

„Wir alle werden dorthin einberufen“, antwortete der Sergeant. „Möchten Sie nicht mal meinen Tabak probieren, Sir?“ fragte er und reichte ihm einen Tabakbeutel aus Robbenfell.

Der alte Brewster zog eine schwärzliche tönerne Pfeife aus der Tasche und begann sie mit Tabak zu stopfen. Sie entglitt seinen Händen und zerbrach auf dem Boden. Seine Lippen zitterten, und er begann, hilflos wie ein Kind, zu weinen. „Ich habe meine Pfeife kaputtgemacht“, schluchzte er.

„Nicht weinen, Onkel, nicht weinen!“ rief Norah, beugte sich über ihn und tätschelte seinen weißen Kopf, als wolle sie ein kleines Kind trösten.“Das macht doch nichts. Du bekommst eine neue.“

„Keine Sorge, Sir“, sagte der Sergeant. „Hier haben Sie eine Holzpfeife mit einem Mundstück aus Bernstein, wenn Sie mir die Ehre erweisen und sie annehmen. Ich würde mich glücklich schätzen, wenn Sie sie nähmen.“

„Jimini!“ rief Brewster und lächelte unter Tränen. „Das ist eine schöne Pfeife! Sieh dir meine neue Pfeife an, Norah. Ich wette, daß Jarge nie so eine hatte! Haben Sie Ihre Muskete dabei, Sergeant?“

„Ja, Sir. Ich war gerade auf dem Rückweg vom Schießstand, als ich vorbeigekommen bin.“

„Lassen Sie es mich mal anfassen. O Gottchen, das ist ja wie in alten Zeiten, wenn man eine Muskete in der Hand hat! Wie geht das Exerziereglement, Sergeant, häh? Spannt die Muskete – Zündpfanne klar – präsentiert die Muskete – häh, Sergeant? Oh, Jimini, ich habe Ihre Muskete kaputtgemacht!“

„Schon gut, Sir“, sagte der Soldat lachend. „Sie haben nur auf den Kammerstängel gedrückt und den Verschluß geöffnet. Da werden sie geladen, wissen Sie.“

„Am falschen Ende geladen! Also so was! Und auch kein Ladestock! Ich habe davon gehört, es aber nie geglaubt. Ah! Es kann der braunen Bess nicht das Wasser reichen. Wenn es mal wieder ernst wird – denken Sie an meine Worte –, werden wir sehen, ob man nicht auf die braune Bess zurückkommt!“

„Bei Gott, Sir!“ rief der Sergeant hitzig, „in Südafrika muß sich wirklich etwas ändern! Wie ich dieser Morgenzeitung entnehme, hat sich die Regierung diesen Buren geschlagen gegeben! Ich kann Ihnen sagen, die Unteroffiziers-Messe ist fuchsteufelswild deswegen, Sir!“

„Eh – eh“, krächzte der alte Brewster. „Bei Jimini! Das hätte der Dook nicht geduldet – sie hätten etwas von ihm zu hören bekommen!“

„Aber sicher, Sir!“ rief der Sergeant, „möge Gott uns einen neuen Dook schenken! Aber ich habe Sie lange genug aufgehalten. Ich werde wieder vorbeikommen und ein oder zwei Kameraden mitbringen, wenn es Ihnen recht ist, denn alle wären stolz darauf, mit Ihnen zu reden.“

Der Sergeant salutierte noch einmal vor Veteran, zeigte Norah lächelnd seine weißen Zähne und ließ die Erinnerung an blauen Stoff und goldene Tressen zurück.

Aber schon nach ein paar Tagen war er wieder da, und während des ganzen langen Winters war er ein häufiger Gast im Haus Arsenal View. Irgendwann war nicht mehr ganz eindeutig, welchem der beiden Bewohner seine Besuche galten, aber es war leicht festzustellen, wer ungeduldiger auf ihn wartete. Er brachte andere Gäste mit, und bald galt eine Pilgerreise zu Daddy Brewster für die Vertreter aller Ränge als Ehrensache. Artilleristen und Pioniere, Liniensoldaten und Dragoner kamen mit in das kleine Wohnzimmer. Sie verbeugten sich, rasselten mit ihren Säbeln und ließen ihre Sporen klirren, streckten ihre langen Beine aus und stellten die Füße auf den Patchwork-Teppich und durchwühlten die Taschen ihrer Uniformen nach Tabak, Zigaretten oder Schnupftabak, den sie als Zeichen ihrer Wertschätzung mitgebracht hatten.

Es war ein bitterkalter Winter – sechs Wochen lang lag Schnee, und Norah hatte alle Hände voll zu tun, um den ausgebrannten alten Körper am Leben zu halten. Es kam vor, daß der Verstand ihn im Stich ließ und er kein

Wort sprach – abgesehen von einem animalischen Gebrüll zur Essenszeit. Er war ein weißhaariges Kind und hatte dieselben Sorgen und Nöte wie ein Kind.

Doch als es draußen wieder warm wurde und die grünen Knospen an den Bäumen sich hervorwagten, taute das Blut in seinen Adern wieder auf, und er schleppte sich sogar bis vor die Tür, um den kraftspendenden Sonnenschein zu genießen.

„Es ist so belebend!“ sagte er eines Morgens, als er in der heißen Maisonne saß.

„Aber man hat seine liebe Not mit den Fliegen! Die kleinen Biester werden aufdringlich bei diesem Wetter und piesacken mich fürchterlich.“

„Ich verscheuche sie Dir, Onkel“, sagte Norah.

„Ja, aber das Wetter ist gut! Bei diesem Sonnenschein denke ich an zukünftigen Ruhm. Du könntest mir ein bißchen aus der Bibel vorlesen, Mädchen. Ich finde es wunderbar entspannend.“

„Welche Stelle möchtest du hören, Onkel?“

„Oh, über die Kriege!“

„Die Kriege?“

„Jawohl, die Kriege! Zum Beispiel das Alte Testament – da ist ordentlich Pfeffer drin! Wenn der Pfarrer kommt, will er immer von etwas anderem reden, aber ich sage: Josua – es kann nur einen geben! Die Israeliten waren gute Soldaten – gut gewachsene Soldaten, alle Mann.“

„Aber Onkel“, sagte Norah beschwichtigend, „im Jenseits herrscht ewiger Friede.“

„Nein, ganz und gar nicht, Mädchen!“

„Aber doch, Onkel, bestimmt!“

Der alte Corporal stieß ärgerlich seinen Stock auf den Boden. „Ich sage dir, so ist es nicht, Mädel. Ich habe den Pfarrer gefragt.“

„So, und was hat er gesagt?“

„Er sagte, es würde ein letztes Gefecht geben, er hat sogar den Namen genannt. Die Schlacht von Arm – Arm –“

„Armageddon.“

„Richtig, genau das hat der Pfarrer gesagt. Ich erwarte, daß die Dritte Garde dabeisein wird. Und der Dook hat auch ein Wörtchen mitzureden.“

Ein älterer Gentleman mit grauem Backenbart war die Straße entlanggekommen und hatte nach den Hausnummern gesehen. Als sein Blick auf den alten Mann fiel, ging er direkt auf ihn zu.

„Hallo!“ sagte er, „sind Sie vielleicht Gregory Brewster?“

„Das ist mein Name, Sir“, antwortete der Veteran.

„Sie sind, soviel ich weiß, der Brewster, der bei den Scots Guards so hoch angesehen ist, weil er bei der Schlacht von Waterloo dabei war?“

„Der bin ich, Sir, obwohl wir sie damals noch die Dritte Garde genannt haben. Es war ein ausgezeichnetes Regiment, und sie brauchen nur noch mich, um beim Appell wieder vollzählig zu sein!“

„Na, na! Da werden sie noch ein paar Jahre warten müssen“, sagte der Herr freundlich. „Aber ich bin der Colonel der Scots Guards und möchte mich gern mit Ihnen unterhalten.“

Der alte Gregory Brewster war sofort auf den Beinen und griff nach seiner Kaninchenfellmütze. „Gott steh mir bei!“ rief er, „was für ein Gedanke! Was für ein Gedanke!“

„Sollte der Gentleman nicht besser hereinkommen?“ schlug die praktische Norah vor, die hinter der Tür stand.

„Sicher, Sir, natürlich, kommen Sie herein, wenn ich bitten darf.“ Vor Aufregung vergaß er seinen Stock, und als er in den Salon vorausging, zitterten seine Knie, und er griff ziellos um sich. Sofort waren der Colonel und Norah zur Stelle und stützten ihn von beiden Seiten.

„Das geht doch wunderbar“, sagte der Colonel, als er ihn zu seinem Sessel führte.

„Danke, Sir, das war knapp. Aber mein Gott, ich kann es kaum glauben. Man denke nur, der Corporal der Flankenkompanie und der Colonel des Bataillons! Es geschehen noch Zeichen und Wunder!“

„Oh, wir in London sind sehr stolz auf Sie“, sagte der Colonel. „Immerhin sind Sie einer der Männer, die Hougoumont gehalten haben!“ Er blickte auf die knochigen, zitternden Hände mit ihren hervortretenden Knöcheln, die sehnige Kehle und die hängenden runden Schultern. Konnte das wirklich der letzte dieser heldenhaften Truppe sein? Dann sah er die halbvollen Phiolen, die blauen Flaschen mit Heilsalbe, die Schnabeltasse und weitere bedrückende Anzeichen eines Krankenzimmers.

Er wäre wohl besser in den brennenden Trümmern des belgischen Bauernhauses gestorben, dachte der Colonel.

„Ich hoffe, Ihnen geht es gut“, bemerkte er nach einer Pause.

„Danke, Sir. Ich habe viel Ärger mit meinen Arterien – sehr viel Ärger. Sie glauben nicht, wie hart es ist, den Schleim loszuwerden. Und ich brauche meine Rationen, sonst erkälte ich mich. Und die Fliegen! Ich komme nicht mehr gegen sie an!“

„Wie ist es um Ihr Gedächtnis bestellt?“

„Oh, damit ist alles in Ordnung, Sir! Ich könnte Ihnen die Namen aller Leute aus Captain Haldanes Flankenkompanie aufzählen!“

„Und die Schlacht – erinnern Sie sich daran?“

„O ja, ich sehe alles vor mir, sobald ich die Augen schließe – mein Gott, Sir, Sie würden nicht glauben, wie deutlich! Von der Flasche mit dem Schmerzmittel bis zur Schnupftabaksdose ist unsere Aufstellung. Sehen Sie? So, und die Pillendose ist Hougoumont auf der rechten Seite und Norahs Fingerhut ist La Haye Sainte. Alles ist da, Sir, und hier hatten wir unsere Waffen, dahinter die Reserve und die Belgier. Ach, diese Belgier!“ Er spuckte aufgebracht ins Feuer. „Und hier, wo meine Pfeife liegt, sind die Franzosen, und da drüben, wo ich meinen Tabakbeutel hingelegt habe, sind die Preußen neben unserer linken Flanke aufmarschiert. Jimini, aber der Rauch aus ihren Waffen war ein herrlicher Anblick!“

„Und was war für Sie das Schlimmste an der ganzen Geschichte?“ fragte der Colonel.

„Ich habe drei halbe Kronen dabei verloren, ja, wirklich“, jammerte der alte Brewster. „Ich würde mich nicht wundern, wenn ich das Geld gar nicht wiedersehen sollte. Ich habe es in Brüssel Jabez Smith geliehen, dem Mann hinter mir im Glied. ‚Nur bis zum Zahltag, Grig‘, sagt er. Aber ach! Er wurde in Quatre Bras von einer Lanze getroffen, und ich stand da und hatte nicht einmal etwas Schriftliches in der Hand, um die Schuld zu beweisen! Die drei halben Kronen sind so gut wie verloren!“

Der Colonel stand lachend von seinem Stuhl auf. „Die Offiziere der Garde möchten, daß Sie sich etwas Schönes kaufen, womit Sie sich trösten können“, sagte er. „Das hier ist nicht von mir, also brauchen Sie sich nicht bei mir zu bedanken.“

Er nahm den Tabakbeutel des alten Mannes und steckte einen knisternden Geldschein hinein.

„Herzlichen Dank, Sir. Aber ich möchte Sie um einen Gefallen bitten, Colonel.“

„Ja, guter Mann."

„Wenn ich einberufen werde, Colonel, werden Sie mir doch sicher nicht die Fahne und das Ehrensalut mißgönnen? Ich bin kein Zivilist, sondern Soldat – der letzte der alten Dritten Garde."

„In Ordnung, mein Bester, ich werde mich darum kümmern", sagte der Colonel. „Auf Wiedersehen, ich hoffe, nur gute Nachrichten von Ihnen zu hören."

„Ein liebenswürdiger Gentleman, Norah", krächzte der alte Brewster, als sie ihn am Fenster vorbeigehen sahen, „aber er hat nicht das Zeug, meinem Colonel Byng die Steigbügel zu halten!"

Am nächsten Tag verschlechterte sich der Zustand des alten Corporal plötzlich. Selbst die goldenen Sonnenstrahlen, die durch das Fenster fielen, konnten die zusammengesunkene Gestalt nicht aufwärmen. Der Arzt kam und schüttelte schweigend den Kopf. Den ganzen Tag lag der Mann da, und nur seine keuchenden blauen Lippen und das Zucken seines abgemagerten Halses zeigten, daß er noch am Leben war. Norah und Sergeant Macdonald waren nachmittags bei ihm gewesen, aber er hatte kein Zeichen gegeben daß er ihre Anwesenheit wahrgenommen hätte. Er lag friedlich da, die Augen halb geschlossen und die Hände unter die Wange gelegt wie jemand, der sehr müde ist.

Sie hatten ihn für einen Moment alleingelassen und saßen im Vorderzimmer, wo Norah Tee kochte, als sie plötzlich einen Schrei hörten, der durch das ganze Haus hallte. Er dröhnte er ihnen in den Ohren und wurde immer lauter – eine Stimme voller Kraft, Energie und gewaltiger Leidenschaft. „Die Garde braucht Pulver!" rief die Stimme, „die Garde braucht Pulver!"

Der Sergeant sprang auf und stürzte hinein. Norah folgte ihm zitternd. Da stand der alte Mann, seine blauen Augen funkelten, und die weißen Haare sträubten sich.

„Die Garde braucht Pulver!" polterte er wieder, „und bei Gott, sie soll es bekommen!" Er warf die langen Arme in die Luft und sank mit einem Stöhnen wieder auf seinen Stuhl.

Der Sergeant beugte sich über ihn, und sein Gesicht verdüsterte sich.

„Oh, Archie, Archie", schluchzte das erschrockene Mädchen, „was sagst du dazu?"

Der Sergeant wandte sich ab. „Ich glaube", sagte er, „die Dritte Garde ist vollzählig."

Die dritte Generation

Die Scudamore Lane, die vom Monument aus flußabwärts verläuft, liegt in der Nacht im Schatten von zwei gewaltigen schwarzen Mauern, die die wenigen Straßenlaternen haushoch überragen. Die Bürgersteige sind schmal, und der Straßenbelag besteht aus Kopfsteinpflaster, so daß die endlose Reihe der Fuhrwerke wie mit Donnergepolter darüber hinwegrollt. Zwischen den Industriegebäuden finden sich verstreut ein paar altmodische Häuser, und in einem von ihnen, links auf der Hälfte der Strecke, betreibt Dr. Horace Selby seine große Praxis. Für einen so berühmten Mann ist es eine ungewöhnliche Adresse, aber ein Spezialist, der in ganz Europa bekannt ist, kann es sich erlauben, zu leben, wo er will. Und auf seinem Fachgebiet kommt die Abgelegenheit der Praxis den Patienten auch nicht immer ungelegen.

Es war erst zehn Uhr. Das dumpfe Grollen des Straßenverkehrs, das den ganzen Tag auf London Bridge zu hören war, war zu einem undeutlichen Murmeln erstorben. Es regnete in Strömen, und das Gaslicht schien milde durch die regennassen Fensterscheiben und warf kleine Kringel auf das feuchte Kopfsteinpflaster. Die Luft war erfüllt vom Klang des fallenden Regens – dem feinen Rauschen, dem kräftigeren Tropfen von den Blättern und dem Plätschern und Gurgeln aus den zwei Gullys und dem Abwasserkanal. Auf der ganzen Scudamore Lane war nur eine einzige Gestalt zu sehen. Es war ein Mann, und er stand vor der Tür von Dr. Horace Selby.

Er hatte gerade geklingelt und wartete darauf, daß jemand die Tür öffnete. Das Tageslicht fiel durch das Oberlicht auf den naßglänzenden Regenmantel und seine Gesichtszüge. Er hatte ein blasses, feingeschnittenes und sensibles Gesicht, dessen Ausdruck schwer zu beschreiben war – der Blick erinnerte an den eines scheuenden Pferdes, der weinerlich verzogene Mund an ein hilfloses Kind. Der Diener erkannte mit einem Blick, daß es sich bei dem Fremden um einen Patienten handelte – er sah es an dem verängstigten Ausdruck seiner Augen, einem Ausdruck, den er an dieser Türschwelle schon oft gesehen hatte.

„Ist der Doktor da?“

Der Mann zögerte. „Ein paar Freunde von ihm waren zum Abendessen da, Sir. Er wird nicht gern außerhalb seiner Sprechzeiten gestört, Sir.“

„Sagen Sie ihm, daß ich ihn sprechen *muß*. Sagen Sie ihm, daß es ungeheuer wichtig ist. Hier ist meine Karte.“ Seine Finger zitterten, als er die Visitenkarte ungeschickt aus seiner Brieftasche zog. „Sir Francis Norton ist mein Name. Sagen Sie ihm, daß Sir Francis Norton aus Deane Park ihn sofort sprechen muß.“

„Ja, Sir.“ Der Diener nahm die Karte und den halben Sovereign, den der Besucher ihm gab. „Hängen Sie Ihren Mantel am besten hier in der Halle auf, er ist sehr naß. Wenn Sie bitte hier im Sprechzimmer warten würden, ich bin sicher, daß der Doktor zu Ihnen kommen wird.“

Der junge Baronet fand sich in einem großen und eleganten Raum wieder. Der Teppich war so weich und dick, daß man seine Schritte nicht hörte. Die beiden Gaslampen waren nur halb aufgedreht, und das gedämpfte Licht und der leichte aromatische Geruch, der die Luft erfüllte, erinnerten ihn an eine mit Kerzen beleuchtete Kirche, in der es nach Weihrauch roch. Er setzte sich in einen glänzenden Ledersessel, der am Kamin mit dem schwelenden Feuer stand, und sah sich düster um. Zwei Wände des Raumes wurden von langen Bücherreihen eingenommen, dicke Wälzer mit düsterem Inhalt und großen Goldbuchstaben auf dem Rücken. Neben dem Baronet befand sich ein hohes, altmodisches Kaminsims aus Marmor, auf dem es von Wattebäuschen und Bandagen, Meßzylindern und kleinen Flaschen wimmelte. Eine Flasche mit breitem Hals enthielt Kupfervitriol, und in einer anderen, schmaleren, befand sich etwas, das aussah wie die Überreste einer kaputten Pipette. „Ätzend“ stand auf einem roten Etikett. Thermometer, Spritzen, Skalpelle und Spatel waren auf dem Kaminsims und auf den beiden Tischen rechts und links von dem Schreibtisch mit der schrägen Platte verstreut. Auf dem gleichen Tisch rechts standen Kopien der fünf Bücher, die Dr. Horace Selby über das Thema geschrieben hatte, mit dem sein Name hauptsächlich in Verbindung gebracht wird, und links – auf einem roten medizinischen Werk – lag das Modell eines menschliches Auges aus Glas von der Größe einer Steckrübe, das in der Mitte aufgeklappt wardamit man die Linse und die beiden Augenkammern betrachten konnte.

Sir Francis Norton hatte sich nie durch eine besondere Beobachtungsgabe hervorgetan, und dennoch ertappte er sich dabei, daß er diese Einzelheiten mit größter Aufmerksamkeit betrachtete. Ihm fiel sogar auf, wie zersetzt der Korken in einer der Flaschen war, und er wunderte sich, daß der Arzt keine Glasstopfen verwendete. Winzige Kratzer, an denen das Licht reflektierte, kleine Flecken auf dem Schreibtischleder, chemische Bezeichnungen, hingekritzelt auf die Etiketten der Phiolen – nichts war so unbedeutend, daß es seiner Aufmerksamkeit entgangen wäre. Und sein Gehör war ebenso wachsam. Das schwermütige Ticken der düsteren schwarzen Uhr über dem Kaminsims tat ihm geradezu in den Ohren weh. Trotz des Tickens und der altmodischen hölzernen Trennwand konnte er die Männerstimmen aus dem Nebenzimmer hören und verstand sogar ein paar Sätze.

„Hinterhand mußte stechen."

„Wieso, Sie haben die letze doch selbst gezogen!"

„Wie konnte ich nur die Königin ausspielen, obwohl ich wußte, daß das As gegen mich stand?"

Diese einzelnen Sätze waren aus dem monotonen Singsang der Diskussionen am Spieltisch herauszuhören. Und dann hörte er plötzlich die Tür knarren und das Geräusch von Schritten in der Halle und wußte mit einer schwindelerregenden Mischung aus Ungeduld und Panik, daß der Wendepunkt seines Lebens bevorstand.

Der große, füllige Dr. Horace Selby war eine imposante Erscheinung. Nase und Kinn waren kühn und ausgeprägt, und dennoch war sein Gesicht aufgedunsen. Diese Kombination hätte besser zu der Perücke und der Krawatte gepaßt, die unter den Königen namens George üblich gewesen waren, als zu dem kurzgeschnittenen Haar und dem schwarzen Anzug des ausgehenden neunzehnten Jahrhunderts. Er war glatt rasiert, denn sein Mund war zu schade, um versteckt zu werden – groß und empfindsam, mit einem verständnisvollen Zug. Dieser Mund und der mitfühlende Blick seiner braunen Augen hatten schon vielen armen Sündern ihre Geheimnisse entlockt. Sein dichtes Haar ging in einen prächtigen Backenbart über.

Für seine Patienten lag schon in der Rundlichkeit und Würde des Mannes etwas Beruhigendes. Selbstbewußtes Auftreten ist in der Medizin – ebenso wie im Krieg – ein Zeichen für vergangene Siege – und ein Versprechen für zukünftige.

Dr. Horace Selbys Gesicht war ein Trost, ebenso wie seine großen, weißen, beruhigenden Hände, von denen er eine seinem Besucher entgegenstreckte.

„Entschuldigen Sie, daß ich Sie habe warten lassen. Ich bin hin- und hergerissen zwischen zwei Verpflichtungen – zwischen der des Gastgebers gegenüber seinen Gästen und der des Arztes gegenüber seinem Patienten. Aber nun stehe ich Ihnen zur Verfügung, Sir Francis. Aber du liebe Zeit, Sie sind ja ganz kalt."

„Ja, bin ich."

„Und Sie zittern am ganzen Körper. Na, na, das geht nicht! Sie sind unterkühlt von der jämmerlich kalten Nacht. Vielleicht wäre ein anregendes Mittel –"

„Nein, danke, lieber nicht. Und ich friere nicht wegen der kalten Nacht. Ich habe Angst, Doktor."

Der Arzt drehte sich in seinem Stuhl halb um und tätschelte das Knie des jungen Mannes, wie man einem nervösen Pferd den Hals klopft.

„Was ist denn los?" fragte er und blickte über die Schulter in das bleiche Gesicht mit den erschrockenen Augen.

Zweimal öffnete der junge Mann die Lippen. Dann bückte er sich plötzlich und krempelte sein rechtes Hosenbein hoch, rollte seinen Strumpf nach unten und zeigte seinen Unterschenkel. Der Arzt schnalzte mit der Zunge, als er einen Blick darauf warf.

„An beiden Beinen?"

„Nein, nur an einem."

„Ganz plötzlich?"

„Heute morgen."

„Hm."

Der Doktor schürzte die Lippen und fuhr sich mit Daumen und Zeigefinger an seinem Kinn entlang. „Können Sie sich das erklären?" fragte er schroff.

„Nein."

Der Blick der großen braunen Augen verschärfte sich etwas. „Ich muß Sie doch wohl nicht erst darauf aufmerksam machen, daß nur absolute Offenheit –"

Der Patient sprang von seinem Stuhl auf. „Gott ist mein Zeuge!" schrie er. „Ich habe in meinem ganzen Leben nichts getan, wofür ich mir Vorwürfe machen müßte. Glauben Sie, ich wäre so dumm, herzukommen und Ihnen Lügen zu erzählen? Ein für allemal, ich habe nichts zu bereuen!" Er war eine jämmerliche, tragikomische Gestalt, als er so dastand – ein Hosenbein bis zum Knie aufgerollt und das ständig präsente Entsetzen immer noch im Blick.

„Setzen Sie sich", sagte der Doktor kurzangebunden, „Ihr Wort ist völlig ausreichend." Er beugte sich hinunter und fuhr mit dem Finger an dem Unterschenkel des jungen Mannes entlang; einmal hob er den Finger. „Hm, serpiginös[8]", murmelte er und schüttelte den Kopf. „Noch irgendwelche anderen Symptome?"

„Meine Sehkraft hat ein bißchen nachgelassen."

„Lassen Sie mich mal Ihre Zähne ansehen." Er warf einen Blick darauf und schnalzte wieder sachte mit der Zunge, ein Zeichen von Mitleid und Mißbilligung.

„Und nun Ihre Augen." Er beleuchtete den Ellbogen des Patienten mit einer Lampe, bündelte das Licht mit einer kleinen Linse aus Kristall und untersuchte die Augen des Patienten. Dabei bekam er vor Freude heiße Wangen, und sein Gesicht rötete sich vor Eifer. Es ging

8 kriechend, fortschreitendes Geschwür

ihm wie einem Botaniker, der eine seltene Pflanze in seiner Botanisiertrommel verstaut oder einem Astronomen, wenn der langgesuchte Komet zum ersten Mal vor seinem Teleskop auftaucht.

„Das ist ganz typisch – wirklich ganz typisch“, murmelte er, beugte sich über seinen Schreibtisch und kritzelte ein paar Notizen auf ein Blatt Papier. „Ausgerechnet jetzt, da ich eine Monographie über dieses Thema schreibe. Es ist einmalig, daß Sie mit einem Fall wie aus dem Lehrbuch zu mir kommen.“ Er war so fasziniert von dem prächtigen Symptom, daß er darüber den Menschen vergessen hatte, der darunter litt und dem Kranken um ein Haar gratuliert hätte. Er besann sich wieder auf das menschliche Mitgefühl und fragte seinen Patienten nach Auffälligkeiten.

„Mein sehr verehrter Herr, es ist nicht nötig, daß wir uns mit Fachchinesisch aufhalten“, sagte er beruhigend. „Wenn ich Ihnen zum Beispiel sagen würde, daß Sie eine interstitielle Keratitis[9] haben, wären Sie genauso schlau wie vorher. Es gibt Anzeichen für eine skrofulose Diathese[10]. Sehr allgemein ausgedrückt, würde ich sagen, daß Sie eine angeborene und auch vererbbare Krankheit haben.“

Der junge Baronet sackte auf seinem Stuhl zusammen, und sein Kinn sank auf die Brust. Der Arzt war mit einem Satz bei einem kleinen Tisch, goß ein halbes Glas Likör ein und hielt es seinem Patienten an die Lippen. Ein schwacher Schimmer Farbe kehrte in die Wangen des Mannes zurück, als er das Glas geleert hatte.

„Vielleicht kam es etwas zu plötzlich“, sagte der Arzt, „aber Sie müssen gewußt haben, woher Ihre Beschwerden kommen. Sonst wären Sie nicht zu mir gekommen.“

---

9 Entzündung der Hornhaut des Auges

10 Neigung zu einer Geschwulst der Halsdrüsen

„Gott steh mir bei, ich habe es befürchtet – aber erst seit heute, als ich Probleme mit dem Bein hatte. Mein Vater hatte auch so ein Bein."

„Dann haben Sie es von ihm geerbt –?"

„Nein, von meinem Großvater. Haben Sie je von Sir Rupert Norton, dem großen Korinther, gehört?"

Der Arzt war ein belesener Mann und hatte ein gutes Gedächtnis. Bei dem Namen fiel ihm sofort der schlechte Ruf seines Besitzers ein – ein berüchtigter Geck der dreißiger Jahre –, der gespielt und sich duelliert, sich der Trunksucht und Ausschweifungen hingegeben hatte, bis sogar seine nichtsnutzigen Kumpane sich angewidert von ihm abgewandt hatten und er seine alten Tage mit einem Barmädchen verbrachte, das er in einer Sauflaune geheiratet hatte. Als er den jungen Mann zurückgelehnt in dem Ledersessel sitzen sah, schien für einen Moment ein undeutlicher Schatten des dekadenten alten Dandys mit seinen Pelzen, Halstüchern und dem dunklen satyrhaften Gesicht durchzuschimmern. Was war jetzt noch von ihm übrig? Ein Haufen Knochen in einer modrigen Gruft. Aber seine Untaten lebten weiter und vergifteten das Blut in den Adern eines unschuldigen Mannes.

„Wie ich an Ihrem Gesicht sehe, haben Sie von ihm gehört", sagte der junge Baronet. „Mir wurde erzählt, daß sein Tod schrecklich war, aber nicht schlimmer als sein Leben. Mein Vater war sein einziger Sohn. Er war ein gebildeter Mann und liebte Bücher, Kanarienvögel und das Land, aber sein unbescholtener Lebenswandel hat ihn nicht gerettet."

„Seine Symptome waren kutan, soviel ich weiß."

„Er trug sogar im Haus Handschuhe. Das ist das erste, woran ich mich erinnere. Und dann hatte er Probleme mit dem Hals. Und dann waren es die Beine. Er fragte mich oft nach meinem Befinden, und ich fand das übertrieben, denn woher sollte ich wissen, daß er seine Gründe hatte? Er hat mich immer aus dem Augenwinkel beobachtet – auf Schritt und Tritt. Jetzt weiß ich wenigstens, warum er es getan hat."

„Haben Sie Geschwister?"

„Gott sei Dank nicht."

„Ja, ja, es ist eine traurige Sache, und ganz typisch für viele, die mir begegnet sind. Sie sind nicht der einzige mit diesem Leiden, Sir Francis. Viele tausend Menschen tragen das gleiche Kreuz wie Sie."

„Aber wo bleibt die Gerechtigkeit, Doktor?" rief der junge Mann. Er sprang auf und tigerte im Sprechzimmer auf und ab. „Wenn ich mit der Krankheit meines Großvaters auch seine Sünden geerbt hätte, könnte ich es versehen, aber ich bin so wie mein Vater. Ich liebe alles Schöne und Vornehme – animalische Rohheit ist mir ein Greuel. Fragen Sie meine Freunde, die werden es Ihnen bestätigen. Und nun diese heimtückische Sache – ach, ich bin vom Laster verseucht! Und warum? Habe ich kein Recht, nach dem Warum zu fragen? Habe ich etwas getan? Ist es meine Schuld? Kann ich etwas dafür, daß ich geboren wurde? Und nun sehen Sie mich an – gebrochen und gezeichnet, als das Leben gerade am schönsten war! Es ist soviel von den Sünden des Vaters die Rede – was ist mit den Sünden des Schöpfers?" Er schüttelte die Fäuste in Richtung Himmel – ein winziges machtloses Atom im endlosen Universum.

Der Arzt stand auf, legte ihm die Hände auf die Schultern und drückte ihn wieder auf den Stuhl. „Langsam, langsam, mein lieber Junge", sagte er, „Sie dürfen sich nicht so aufregen. Sie zittern wie Espenlaub, das ist nicht gut für Ihre Nerven. Wir müssen hinnehmen, daß wir auf diese gewaltigen Fragen keine Antwort finden. Wer sind wir denn schon? Halbfertige Kreaturen in einer Übergangsphase – vielleicht stehen wir der Medusa näher als dem perfekten Menschen! Mit einem unvollständigen Gehirn können wir uns nicht anmaßen, Tatsachen in ihrer Gesamtheit begreifen zu wollen, nicht wahr? Es ist zweifellos alles trüb und unerfreulich, aber ich glaube, daß Popes berühmtes Gedicht das Ganze auf den Punkt bringt, und nach fünfzig Jahren reicher Erfahrung kann ich aus vollem Herzen sagen –"

Aber der junge Baronet unterbrach ihn voller Abscheu mit einem Wutschrei. „Gerede – nichts als Gerede! Sie sitzen bequem in Ihrem Sessel und reden – und zweifellos meinen Sie auch, was Sie sagen. Sie können auf ein erfülltes Leben zurückblicken, aber ich habe keines gehabt! In Ihren Adern fließt gesundes Blut; meins ist verseucht. Und doch bin ich genauso unschuldig wie Sie! Wie würden Sie sich fühlen, wenn Sie auf meinem Stuhl säßen und ich auf Ihrem? Ach, es ist so ein Hohn und so eine Heuchelei! Halten Sie mich nicht für unhöflich, Doktor – das ist nicht meine Absicht. Ich sage nur, daß es für Sie und jeden anderen unmöglich ist, sich in meine Lage hineinzuversetzen. Aber ich muß Ihnen eine Frage stellen, Doktor – eine, von der mein ganzes Leben abhängt." In seiner Anspannung krallte die Finger ineinander.

„Nur heraus mit der Sprache, mein guter Mann. Sie haben mein volles Mitgefühl."

„Glauben Sie – glauben Sie, daß das Gift mich befallen hat? Glauben Sie, daß meine Kinder – wenn ich welche hätte – die Krankheit erben würden?"

„Darauf kann ich nur eine Antwort geben. *Die dritte und die vierte Generation*, sagt der vielzitierte alte Text. Mit der Zeit bekommen Sie es vielleicht in den Griff, aber Sie können erst in vielen Jahren ans Heiraten denken."

„Ich heirate am Dienstag", flüsterte der Patient.

Jetzt war es an dem Arzt, vor Entsetzen überwältigt zu sein. Es kam nicht oft vor, daß etwas seine abgehärteten Nerven so erschütterte. Er saß stumm da, während das aufgeregte Stimmengewirr vom Spieltisch ins Sprechzimmer tönte.

„Wir hatten zwei Trümpfe, als Sie Herz spielten."

„Ich hätte Trumpf spielen müssen!" Sie redeten sich in ihrem Ärger die Köpfe heiß.

„Wie konnten Sie nur?" rief der Arzt anklagend. „Das war kriminell!"

„Sie vergessen, daß ich erst heute erfahren habe, wie es um mich steht." Er rieb sich die Schläfen. „Sie sind ein Mann von Welt, Dr. Selby. Sie haben Erfahrung mit solchen Dingen. Geben Sie mir einen Rat. Ich bin wie Wachs in Ihren Händen. Es ist ein Blitz aus heiterem Himmel, und ich fürchte, daß ich nicht stark genug bin, damit fertigzuwerden."

Die dichten Brauen des Arztes zogen sich zusammen, und er kaute vor lauter Ratlosigkeit an den Fingernägeln. „Die Hochzeit darf nicht stattfinden."

„Was soll ich denn tun?"

„Sie darf auf keinen Fall stattfinden."

„Und ich muß sie aufgeben?"

„Das steht außer Frage."

Der junge Mann holte seine Brieftasche hervor und zog ein kleines Foto heraus, das er dem Arzt hinhielt. Dessen strenge Miene wurde weicher, als er das Bild ansah.

„Es ist hart für Sie, ohne Zweifel. Ich verstehe es jetzt besser, da ich das Bild gesehen habe. Aber es gibt absolut keine Alternative. Sie müssen sich jeden Gedanken daran aus dem Kopf schlagen."

„Aber das ist doch Wahnsinn, Doktor – Wahnsinn, sage ich Ihnen. Nein, ich werde nicht laut. Ich vergesse mich. Ich heirate am Dienstag. Am kommenden Dienstag, verstehen Sie? Und alle Welt weiß es. Wie kann ich sie in aller Öffentlichkeit so vor den Kopf stoßen? Das wäre monströs!“

„Es muß trotzdem sein. Mein lieber Junge, es gibt keinen Ausweg.“

„Sie verlangen, daß ich meine Verlobung auf die brutalste Weise löse – schriftlich, in letzter Minute und ohne Erklärung! Ich sage Ihnen, das könnte ich nicht!“

„Ich hatte einmal einen Patienten, der sich in einer ähnlichen Lage befand wie Sie“, sagte der Arzt nachdenklich. „Sein Ausweg war einmalig. Er beging gezielt ein Verbrechen und zwang damit die Familie der jungen Dame, ihre Zustimmung zu der Heirat zurückzuziehen.“

Der junge Baronet schüttelte den Kopf. „Meine persönliche Ehre ist bisher unbefleckt“, sagte er. „Ich habe sonst nicht mehr viel, und wenigstens die Ehre will ich mir bewahren.“

„Ja, ja, es ist ein schönes Dilemma, und die Entscheidung liegt bei Ihnen.“

„Haben Sie keine andere Idee?“

„Sie haben nicht zufällig Besitz in Australien?“

„Nein.“

„Aber Sie haben Kapital?“

„Ja.“

„Dann könnten Sie Land kaufen. Morgen früh wäre noch rechtzeitig. Tausend Bergbau-Aktien würden reichen. Dann könnten Sie brieflich erklären, daß dringende geschäftliche Angelegenheiten Sie gezwungen haben, unverzüglich Ihren Besitz zu inspizieren. Damit hätten Sie auf jeden Fall sechs Monate gewonnen.“

„Ja, das würde gehen. Ja, sicher, das wäre möglich. Aber versetzen Sie sich in ihre Lage. Das Haus voller Hochzeitsgeschenke – und Gäste, die von weither kommen. Es ist furchtbar! Und Sie sagen, daß es keine Alternative gibt!“

Der Arzt zuckte die Achseln.

„Nun gut, ich kann es jetzt schreiben und morgen abreisen, nicht wahr? Vielleicht lassen Sie mich Ihren Schreibtisch benutzen. Danke. Es tut mir leid, daß ich Sie so lange von Ihren Gästen fernhalte, aber in einem Augenblick bin ich verschwunden.“ Er kritzelte hastig ein paar Zeilen auf das Papier, aber dann riß er es in Fetzen und schleuderte es ins Feuer. „Nein, ich kann ihr nicht gegenübertreten und ihr Lügen erzählen, Doktor“, sagte er und stand auf. „Wir müssen einen anderen Ausweg finden. Ich werde darüber nachdenken und Ihnen meine Entscheidung mitteilen. Sie müssen mir gestatten, Ihnen das doppelte Honorar zu zahlen, weil ich Sie zu einem so ungünstigen Zeitpunkt überfallen habe. Auf Wiedersehen, und tausend Dank für Ihr Mitgefühl und Ihren Rat.“

„Aber, aber, ich habe Ihnen doch noch nicht einmal Ihr Rezept gegeben. Hier ist die Mixtur, und ich empfehle, daß Sie dieses Pulver jeden Morgen nehmen. Der Apotheker wird alle Anweisungen auf der Schachtel der Salbe notieren. Ihre Lage ist grausam, aber ich hoffe, daß die Wolken sich bald lichten. Wann darf ich damit rechnen, wieder von Ihnen zu hören?“

„Morgen früh.“

„Sehr gut. Es regnet in Strömen! Hier ist Ihr Regenmantel, Sie werden ihn brauchen. Dann auf Wiedersehen und bis morgen.“

Er öffnete die Tür, und ein feuchtkalter Luftzug strömte in die Halle. Trotzdem stand der Arzt eine

Minute oder länger in der Tür und sah der einsamen Gestalt nach, die langsam die gelben Lichtkegel der Gaslaternen durchquerte und zwischendurch immer wieder von der Dunkelheit verschluckt wurde. Es war nur sein eigener Schatten, der an die Mauer geworfen wurde, wenn er an einer Straßenlaterne vorbeikam, und dennoch kam es dem Arzt so vor, als würde eine riesige düstere Gestalt eine kleine Marionette schweigend die leere Straße entlangführen.

Am nächsten Morgen hörte Dr. Horace Selby wieder von seinem Patienten – viel früher als erwartet. Eine Schlagzeile in der *Daily News* veranlaßte ihn dazu, sein Frühstückstablett unberührt beiseitezuschieben. Ihm sank das Herz, als er es las. „Tragischer Unfall" lautete die Überschrift, und der Artikel berichtete folgendes:

> Ein außerordentlich tragischer Unfall ereignete sich in der King William Street. Gestern gegen elf Uhr abends wurde beobachtet, wie ein junger Mann versuchte, einem Hansom auszuweichen, und dabei unter die Räder eines schweren Zweispänners geriet. Er erlag seinen schweren Verletzungen auf dem Weg ins Krankenhaus. Aus seinen Papieren geht zweifelsfrei hervor, daß der Verstorbene kein geringener als Sir Francis Norton aus Deane Park ist, der erst letztes Jahr den Titel geerbt hat. Der Unfall ist um so tragischer, als der Verstorbene, der gerade volljährig geworden war, kurz vor seiner Hochzeit mit einer jungen Dame aus einer der ältesten Familien im Süden stand. Bei seinem Wohlstand und seinen Talenten lag ihm das

Glück zu Füßen, und seine vielen Freunde werden tief bekümmert sein, zu erfahren, daß sein vielversprechender Lebensweg ein so plötzliches und tragisches Ende gefunden hat.

Ein Fehlstart

„Ist Dr. Horace Wilkinson zu Hause?"
„Das bin ich. Kommen Sie doch bitte herein."
Der Besucher schien etwas erstaunt zu sein, daß ihm der Hausherr die Tür öffnete. „Ich möchte mit Ihnen reden."

Der Arzt, ein blasser, nervöser junger Mann, trug einen sehr professionell aussehenden langen schwarzen Umhang mit einem hohen weißen Kragen, der seinem Backenbart störend in die Quere kam. Er rieb sich die Hände und lächelte.

Er vermutete einen Patienten in dem dicken, stämmigen Mann, den er vor sich hatte – es würde sein erster sein.

Seine knappen Rücklagen waren ziemlich geschrumpft, und obwohl die Miete für das erste Quartal sicher in seiner rechten Schreibtischschublade eingeschlossen war, machte er sich allmählich Gedanken darüber, wie er die Kosten für seinen bescheidenen Haushalt decken sollte.

Er verbeugte sich also, winkte seinen Besucher herein, lehnte die Tür zur Halle nachlässig an, als sei er nur rein zufällig dort gewesen, führte den stämmigen Fremden schließlich in sein spärlich möbliertes Vorzimmer und bugsierte ihn dort zu einem Stuhl.

Dr. Wilkinson pflanzte sich hinter seinen Schreibtisch, legte die Fingerspitzen aneinander und blickte sein Gegenüber gespannt an.

Was war mit dem Mann los? Sein Gesicht war stark gerötet. Einige seiner ehemaligen Professoren hätten sofort eine Diagnose gestellt und den Patienten mit einer Beschreibung seiner eigenen Symptome regelrecht elektrisiert, noch bevor er selbst ein Wort darüber verloren hatte.

Dr. Horace Wilkinson zermarterte sich das Hirn über einen Anhaltspunkt, aber die Natur hatte aus ihm ein Arbeitstier gemacht – eine sehr zuverlässiges Arbeitstier und nicht mehr. Ihm fiel nichts auf, außer daß die Uhrkette des Besuchers sehr billig aussah, und daraus schloß er, daß er ihm mit viel Glück vielleicht eine halbe Krone abnehmen konnte. Aber immerhin, auch eine halbe Krone war in den schwierigen ersten Tagen etwas wert.

Während der Arzt den Fremden gemustert hatte, hatte letzterer seine Hände in die Taschen seines schweren Mantels gesteckt. Das warme Wetter, seine Kleidung und die Strapaze des Durchwühlens seiner Taschen hatten sein Gesicht noch röter werden lassen – die Farbe erinnerte nicht mehr an Ziegelsteine, sondern an Rote Beete, und auf der Stirn glänzte ein feuchter Film.

Diese extreme Rosigkeit gab dem aufmerksamen Doktor endlich einen Hinweis. Sicher war Alkohol im Spiel – da lag der Hund begraben. Aber es erforderte Fingerspitzengefühl, zu zeigen, daß er auf einen Blick durchschaut hatte, was seine Krankheit verursacht hatte.

„Es ist sehr heiß“, bemerkte der Fremde und tupfte sich die Stirn ab.

„Ja, diese Art von Wetter verlockt einen dazu, mehr Bier zu trinken, als einem bekommt“, antwortete Dr. Horace Wilkinson und sah sein Gegenüber über seine Fingerspitzen hinweg ausgesprochen besserwisserisch an.

„Junge, Junge, das sollten Sie nicht tun!"

„Ich? Ich rühre niemals Bier an!"

„Ich auch nicht. Ich bin seit zwanzig Jahren Abstinenzler."

Das war deprimierend. Dr. Wilkinson wurde fast so rot wie sein Gegenüber. „Darf ich fragen, was ich für Sie tun kann?" fragte er, nahm sein Stethoskop und klopfte damit nachdenklich auf seinen Daumennagel.

„Ja, das wollte ich Ihnen gerade erzählen. Ich hatte gehört, daß Sie kommen, aber ich habe es nicht eher geschafft …" Der Rest ging in einem nervösen Husten unter.

„Ja?" sagte der Doktor ermutigend.

„Ich hätte schon vor drei Wochen kommen sollen, aber Sie wissen ja, wie man immer alles vor sich herschiebt." Er hustete wieder und hielt sich dabei seine große rote Hand vor den Mund.

„Ich glaube, Sie müssen nichts weiter sagen", sagte der Arzt im Befehlston. „Ihr Husten sagt alles. Dem Klang nach zu urteilen ist es eine Bronchitis. Natürlich ist die Krankheit noch nicht weit fortgeschritten, aber es besteht immer die Gefahr, daß es sich ausbreitet, deshalb war es sehr klug von Ihnen, zu mir zu kommen. Die richtige Behandlung wird Sie bald kurieren. Ziehen Sie bitte Ihre Weste aus, aber nicht ihr Hemd. Strecken Sie die Brust vor und sagen Sie mit tiefer Stimme ‚neunundneunzig'."

Der rotgesichtige Mann fing an zu lachen. „Schon gut, Doktor", sagte er. „Der Husten kommt vom Schnupftabak, und ich weiß, daß es eine schlechte Angewohnheit ist. ‚Neun Pfund neun', habe ich Ihnen zu sagen, denn ich bin Angestellter der Gaswerke, und Sie sind diese Summe schuldig."

Dr. Horace Wilkinson sank auf seine Stuhl. „Sie sind gar kein Patient?" keuchte er.

„Ich habe noch nie im Leben ärztliche Hilfe gebraucht, Sir.“

„Wie schön für Sie!“ Der Arzt verbarg seine Enttäuschung hinter gespielter Belustigung. „Sie sehen auch nicht aus, als hätten Sie unserer Zunft viel Arbeit gemacht. Ich weiß nicht, was wir machen würden, wenn jeder so robust wäre. Ich werde in das Büro der Gaswerke gehen und diese kleine Rechnung bezahlen.“

„Da ich gerade hier bin, Sir, wäre es am praktischsten –“

„Oh, natürlich!“ Diese ewigen, lästigen kleinen Geldprobleme machten dem Arzt mehr zu schaffen als ein bescheidener Lebensstil oder schlechtes Essen. Er nahm seinen Geldbeutel und schüttete den Inhalt auf den Tisch. Es waren zwei halbe Kronen und ein paar Penny. In seiner Schublade hatte er zehn Goldsouvereigns, aber die waren für die Miete gedacht – wenn er sie anrührte, war er verloren. Eher würde er verhungern.

„O je!“ sagte er und lächelte, als handle es sich um einen seltsamen, nie dagewesenen Vorfall. „Ich habe kein Kleingeld im Haus! Ich fürchte, ich muß zur Bank!“

„Kein Problem, Sir.“ Der Inspektor stand auf, sah sich mit einem routinierten Blick um, taxierte den Wert aller Gegenstände im Zimmer – von dem Teppich für zwei Guineen bis zu den Musselingardinen für acht Shilling, und ging.

Als er weg war, räumte Dr. Wilkinson sein Zimmer auf, wie er es jeden Tag ein Dutzend mal tat. Er plazierte sein großes *Quain's Dictionary of Medicine* vorn auf dem Tisch, um dem jeweiligen Patienten eindrucksvoll vor Augen zu führen, daß er die besten Ratgeber griffbereit hatte. Dann holte er all die kleinen Instrumente aus seiner Tasche – die Scheren, die Zange, die

Skalpelle – und legte sie alle neben das Stethoskop, um eine möglichst gute Wirkung zu erzielen.

Sein Rechnungsbuch, sein Kalender und sein Visitenbuch lagen vor ihm.

Noch hatte keines von ihnen einen Eintrag, aber es würde nicht gut aussehen, wenn sie zu ungebraucht und neu wirkten. So raffte er sie zusammen und bekleckste sie mit Tinte. Es wäre auch ungünstig, wenn einem Patienten auffiele, daß sein Name der erste im Buch war – also machte er auf der jeweils ersten Seite eines jeden Buches Notizen über imaginäre Besuche in den letzten drei Wochen bei erfundenen Patienten.

Nachdem alles getan war, stützte er den Kopf in die Hände und widmete sich der schrecklichen Beschäftigung des Wartens.

Es war immer schlimm genug für jeden jungen Mann, aber erst recht für einen, der weiß, daß die Wochen und sogar die Tage, die er durchhalten kann, gezählt sind. So sparsam er auch war, das Geld würde ihm unter den Fingern weglaufen für die unzähligen kleinen Dinge, die einem nie bewußt sind, bis man unter seinem eigenen Dach lebt.

Als Dr. Wilkinson an seinem Tisch saß und den kleinen Haufen Silber und Münzen betrachtete, konnte er nicht leugnen, daß seine Chancen, ein erfolgreicher Arzt in Sutton zu werden, rapide sanken.

Und doch war es eine lebendige, blühende Stadt mit soviel Geld im Umlauf, daß es seltsam schien, daß ein Mann mit einem geübten Gehirn und geschickten Fingern verhungern sollte, weil er keine Arbeit fand.

Von seinem Schreibtisch aus konnte Dr. Horace Wilkinson den endlosen Strom von Leuten sehen, der vor seinem Fenster wie die Gezeiten auf- und abflutete. Es war eine belebte Straße, und die Luft war ständig erfüllt mit den Geräuschen des Alltags – dem Knarren von Wagenrädern und dem Getrappel unzähliger Füße. Männer, Frauen und Kinder, Tausende und Abertausende eilten vorbei, aber jeder kümmerte sich um seine eigenen Angelegenheiten und hatte kaum einen Blick für die kleine Kupferplatte oder verschwendete einen Gedanken an den Mann, der im vorderen Zimmer wartete. Dabei hätten viele von ihnen offensichtlich seine Hilfe gebraucht. Männer mit Sodbrennen, blutarme Frauen, kränkliche Gesichter mit roten Flecken – sie rannten an ihm vorbei, obwohl sie ihn brauchten und er sie brauchte, weil die gnadenlose Schranke professioneller Etikette sie für immer voneinander trennte.

Was konnte er tun? Den Leuten vor seiner eigenen Tür auflauern, einen Passanten beim Schlafittchen packen und ihm zuflüstern: „Sir, verzeihen Sie mir die Bemerkung, Sie leiden an einem schweren Anfall von Rosazea[11], und das macht Sie zu einem besonders unsympathischen Zeitgenossen. Gestatten Sie mir, Ihnen ein arsenhaltiges Medikament zu verschreiben, das nicht mehr kostet, als Sie oft für eine einzige Mahlzeit ausgeben und Ihnen sehr gut bekommen wird." So ein Vorstoß wäre eine Erniedrigung für den erhabenen Beruf des Mediziners, und niemand setzt sich so für die ethischen Grundsätze dieser Profession ein wie jemand, für den sie eine verbitterte und mürrische Mutter war.

Dr. Horace Wilkinson schaute immer noch düster aus dem Fenster, als die Klingel schrill ertönte. Es hatte schon oft geläutet, und jedesmal war Hoffnung in ihm aufgeflackert, nur um gleich wieder zu erlöschen und enttäuscht zu werden, wenn er einen Bettler oder einen Verkäufer, der seine Ware anpries, vor sich hatte. Aber

11 akneähnliche Hauterkrankung, im Endstadium als „Knollennase" bekannt

der Geist des Arztes war noch jung und ließ sich nicht so leicht unterkriegen – trotz aller Erfahrungen reagierte er noch auf den erfreulichen Klang. Er sprang auf, warf einen raschen Blick auf den Tisch, rückte seine medizinischen Bücher zurecht und eilte zur Tür. Ihm entfuhr ein Stöhnen, als er das Vorzimmer betrat. Er konnte durch die Sprossenfenster sehen, daß ein Zigeunerwagen, beladen mit Tischen und Stühlen aus Weidengeflecht, vor seiner Tür stand und daß zwei der Vagabunden mit einem Baby draußen warteten.

Er wußte aus Erfahrung, daß man sich am besten gar nicht auf Gespräche mit solchen Leuten einließ.

„Ich habe nichts für Sie“, sagte er durch die einen Spaltbreit geöffnete Tür. „Verschwinden Sie!“

Er schloß die Tür, aber die Klingel läutete wieder.

„Gehen Sie! Verschwinden Sie!“ rief er ungeduldig und ging zurück in sein Sprechzimmer. Er hatte sich kaum hingesetzt, als es zum dritten Mal klingelte. In einem Anfall von Ärger stürmte er zur Tür und riß sie auf.

„Was zum – ?“

„Bitte, Sir, wir brauchen einen Arzt.“

Sofort rieb er sich wieder mit seinem strahlendsten Berufslächeln die Hände. Die Leute, denen er die Tür vor der Nase zugeschlagen hatte, waren also Patienten – die ersten Patienten, auf die er so ungeduldig gewartet hatte.

Sie sahen nicht gerade vielversprechend aus. Der Mann, ein hochgewachsener Zigeuner mit strähnigem Haar, war zu dem Pferd zurückgegangen.

Zurück blieb eine kleine Frau mit hartem Gesichtsausdruck und einem blauen Auge. Sie hatte ein gelbes Seidentuch um den Kopf gewunden und hielt ein Baby, das in einen roten Schal gewickelt war, an ihre Brust gedrückt.

„Bitte kommen Sie herein, Madam“, sagte Dr. Horace Wilkinson mitfühlend. In diesem Fall konnte bei der Diagnose jedenfalls nichts schiefgehen. „Wenn Sie sich auf das Sofa setzen würden – ich werde dafür sorgen, daß es Ihnen bald besser geht.“

Er träufelte ein bißchen Wasser aus seiner Karaffe in eine Schale, machte eine Mull-Kompresse für das verletzte Auge und befestigte das Ganze mit einem Spica-Verband[12], secundum artem[13].

„Vielen Dank auch, Sir“, sagte die Frau, als die Arbeit getan war. „Das war sehr gütig von Ihnen, hoffentlich wird Gott Sie belohnen! Aber ich bin gar nicht wegen meines Auges gekommen.“

„Nicht wegen Ihres Auges?“ Dr. Horace Wilkinson kamen leise Zweifel an den Vorteilen einer raschen Diagnose. Es war großartig, einen Patienten zu überraschen, aber bisher hatten immer die Patienten *ihn* überrascht.

„Das Baby hat die Masern.“

Die Mutter wickelte ein kleines, dunkelhaariges und schwarzäugiges Zigeunerbaby aus dem roten Tuch. Das bräunliche Gesicht des Babys war gerötet und mit dunkelrotem Ausschlag übersät. Der Atem des Kindes klang röchelnd, und die Augen, mit denen es zu dem Arzt aufblickte, fielen fast zu vor Müdigkeit und waren an den Lidern verkrustet.

„Hm! Ja. Masern, ganz sicher – und eine heftige Attacke obendrein.“

„Ich wollte nur, daß Sie sie ansehen, Sir, damit Sie unterschreiben können.“

„Damit ich was kann?“

12 Kornährenverband, in ährenförmig angeordneten Wicklungen

13 nach den Regeln der ärztlichen Kunst

„Unterschreiben, falls etwas passiert."

„Oh, ich verstehe – ein Rezept ausstellen."

„Und nun, da Sie es gesehen haben, Sir, werde ich gehen, denn Reuben – das ist mein Mann – hat es eilig."

„Aber wollen Sie denn keine Medizin?"

„Oh, nun, da Sie es gesehen haben, ist alles in Ordnung. Ich sage Ihnen Bescheid, wenn etwas passiert."

„Aber Sie brauchen Medizin. Das Kind ist sehr krank!"

Er ging in den kleinen Raum, den er als Behandlungszimmer eingerichtet hatte, und füllte eine Zwei-Unzen-Flasche mit selbstgebrauter fiebersenkender Medizin. In Städten wie Sutton können sich nur wenige Patienten Arzt und Apotheker leisten, so daß ein Arzt beides sein muß, um überleben zu können.

„Hier ist Ihre Medizin, Madam. Die Anweisungen stehen auf der Flasche. Halten Sie das Kind warm und geben Sie ihm nur leichte Kost."

„Herzlichen Dank, Sir." Sie nahm das Baby auf den Arm und ging zur Tür.

„Entschuldigung, Madam", sagte der Arzt nervös. „Meinen Sie nicht auch, daß die Angelegenheit zu geringfügig ist, um eine Rechnung auszustellen? Vielleicht ist es besser, wenn wir das gleich erledigen."

Die Zigeunerin sah ihn mit ihrem unbedeckten Auge vorwurfsvoll an. „Verlangen Sie Geld von mir?" fragte sie. „Wieviel denn?"

„Nun, sagen wir, eine halbe Krone." Er nannte die Summe halb scherzhaft, als sei sie zu klein, um überhaupt erwähnt zu werden, aber die Zigeunerin schrie beinahe, als sie es hörte.

„Eine halbe Krone! Dafür?"

„Nun, gute Frau, warum gehen Sie nicht zum Armenarzt, wenn Sie die Gebühr nicht aufbringen können?"

Sie kramte in ihrer Tasche und versuchte dabei ungeschickt, das Baby festzuhalten.

„Hier sind sieben Pence“, sagte sie schließlich und hielt mir ein paar Kupfermünzen hin. „Das gebe ich Ihnen – und einen Fußschemel aus Weidengeflecht.“

„Aber meine Gebühr beträgt eine halbe Krone!“ Die Überzeugung des Arztes, sein Beruf sei glorreich, sträubte sich gegen dieses kleinliche Feilschen, aber was sollte er tun?

„Wo soll ich eine halbe Krone herkriegen? Feine Leute wie Sie haben gut reden, Sie sitzen in Ihren großen Häusern und können essen und trinken, was Sie wollen – und eine halbe Krone verlangen für den Spruch: ‚Wie geht’s?‘ Wir kommen nicht so leicht an halbe Kronen, wir arbeiten hart. Ich habe nur diese sieben Pence. Sie haben mir gesagt, ich solle dem Kind leichte Kost geben. Leichte Kost! Woher ich sie nehmen soll, weiß ich wirklich nicht.“

Während die Frau gesprochen hatte, war Dr. Horace Wilkinsons Blick auf das winzige Häufchen Geld gefallen, das auf dem Tisch lag und das seine letzte Rettung vor dem Verhungern war. Er gluckste vor sich hin bei dem makabren Witz, daß diese Frau ihn für jemanden hielt, der wie in Abrahamas Schoß lebte. Dann nahm er die Münzen vom Tisch und ließ nur die beiden halben Kronen liegen.

„Hier, nehmen Sie das“, sagte er schroff. „Vergessen Sie die Gebühr, und nehmen Sie die Münzen. Vielleicht haben Sie etwas davon. Auf Wiedersehen!“ Er begleitete sie hinaus, verbeugte sich und schloß die Tür hinter ihr. Am Ende war sie doch vielleicht der dünne Zipfel einer dicken Wurst. Umherziehende Leute sind die beste Empfehlung. Alle großen Arztpraxen sind so gegründet worden. Und eine Empfehlung ergibt die nächste, und so weiter und so fort. Immerhin konnte er jetzt sagen, daß er einen Patienten hatte.

Er ging wieder in das Hinterzimmer und zündete den Spirituskocher an, um Wasser für seinen Tee zu kochen, und lachte, als er an das soeben geführte Gespräch dachte.

Wenn alle Patienten so waren, konnte man sich leicht ausrechnen, wieviele es brauchte, um ihn völlig zu ruinieren.

Abgesehen von dem Schmutz auf dem Teppich und dem Zeitverlust waren zwei Pence für den Verband draufgegangen, vier Pence oder mehr für die Medizin, ganz zu schweigen von der Phiole mit ihrem Korken und dem Etikett und dem Papier.

Außerdem hatte er ihr noch fünf Pence gegeben – somit hatte ihm seine erste Patientin insgesamt nicht weniger als ein Sechstel seines verfügbaren Kapitals abgezwackt. Noch fünf von der Sorte, und er wäre ein gebrochener Mann.

Er setzte sich auf einen Koffer und schüttete sich aus vor Lachen bei dem Gedanken, während er seine exakt anderthalb Löffel Tee für einen Shilling und acht Pence in den braunen irdenen Teekessel füllte.

Aber plötzlich erlosch das Lächeln auf seinem Gesicht, und er horchte mit schiefgelegtem Kopf und einem Blick zur Seite auf ein Geräusch, das von der Tür kam.

Er hatte das Rollen von Wagenrädern gehört, den Klang von Schritten auf der Treppe und dann ein lautes Klingeln.

Mit dem Teelöffel in der Hand schielte er um die Ecke und sah entgeistert, daß eine zweispännige Kutsche draußen warteten und ein Lakai mit gepuderter Perücke vor der Tür stand.

Der Löffel fiel klirrend zu Boden, und er stand fassungslos da.

Dann nahm er sich zusammen und öffnete entschlossen die Tür.

„Junger Mann“, sagte der Lakai, „sagen Sie Ihrem Herrn Dr. Wilkinson, daß er so schnell wie möglich auf den Landsitz The Towers zu Lady Millbank kommen soll. Er soll sofort kommen. Wir würden ihn mitnehmen, aber wir müssen zurückfahren, um zu sehen, ob Dr. Mason schon zu Hause ist. Also, beeilen Sie sich und bringen Sie ihm die Nachricht.“

Der Lakai nickte abschließend und war im Nu verschwunden. Der Kutscher gab seinen Pferden die Peitsche, und die Kutsche raste die Straße hinunter.

Das war eine ganz neue Entwicklung.

Dr. Horace Wilkinson stand in der Tür und versuchte, in Ruhe nachzudenken. Lady Millbank auf dem Landsitz The Towers! Zweifellos reiche Leute von hohem Status. Und ein ernster Fall, oder warum sonst diese Eile und der Ruf nach gleich zwei Ärzten?

Aber warum in aller Welt wurde ausgerechnet er gerufen? Er war völlig unbekannt und hatte keinen Einfluß.

Da konnte etwas nicht stimmen. Ja, so mußte es sein – oder war es möglich, daß ihm jemand einen gemeinen Streich spielte? Wie auch immer – die Nachricht war zu gut, um ignoriert zu werden. Er mußte sich sofort auf den Weg machen und die Sache irgendwie regeln.

Aber er hatte eine Informationsquelle. An der Straßenecke war ein kleiner Laden, in dem einer der ältesten Einwohner der Stadt Zeitungen und den neuesten Klatsch verkaufte. Wenn er irgendwo Informationen bekommen würde, dann dort.

Er setzte seinen sorgfältig gebürsteten auf, verstaute Instrumente und Verbände in all seinen Taschen, schloß, ohne einen Gedanken an seinen Tee, die Wohnungstür zu und stürzte sich ins Abenteuer.

Der Mann an der Ecke war ein wandelndes Lexikon und wußte alles über jeden in Sutton, und so hatte Dr. Horace Wilkinson bald alle Informationen, die er brauchte.

Sir John war in der Stadt anscheinend sehr bekannt. Er war ein König des Kommerzes, handelte mit Füllhaltern, war dreimal Bürgermeister geworden und angeblich zwei Millionen Pfund Sterling schwer. The Towers war sein residenzähnliches Anwesen und lag außerhalb der Stadt. Seine Frau war schon seit Jahren krank, und ihr Zustand verschlechterte sich zusehends. Bisher schien alles zu stimmen – durch irgendeinen unglaublichen Zufall hatten diese Leute wirklich nach ihm geschickt.

Dann befiel ihn ein neuer Zweifel, und er ging in den Laden zurück.

„Ich bin Ihr Nachbar, Dr. Horace Wilkinson“, sagte er. „Gibt es einen anderen Arzt in der Stadt, der genauso heißt?“

Nein, der Mann hinter dem Ladentisch war sicher, daß es keinen gab.

Es war die endgültige Gewißheit. Ihm bot sich eine riesengroße Chance, und er mußte sie nutzen. Er winkte eine Kutsche herbei und raste zu dem Anwesen The Towers. Er war in heller Aufregung und hin- und hergerissen zwischen Freude und Hoffnung einerseits und Angst und Zweifel andererseits, daß der Fall vielleicht eine Nummer zu groß für ihn war oder daß er in einem entscheidenden Moment ohne die nötige Ausrüstung dastehen würde.

Alle außergewöhnlichen Fälle, von denen er je gehört oder gelesen hatte, fielen ihm wieder ein, und lange, bevor er *The Towers* erreicht hatte, hatte er sich in den Glauben hineingesteigert, daß man ihn mindestens zu einer Trepanation[14] auffordern würde.

The Towers war ein sehr großes Haus und lag inmitten von Bäumen am Ende eines Weges, der sich den Hügel hinaufschlängelte. Als er angekommen war, sprang er aus dem Wagen und bezahlte ein Vermögen. Nachdem er seinen Namen genannt hatte, führte ihn ein gesetzter Dienstbote durch die Halle, die mit Eichenholz vertäfelt war, bunte Fensterscheiben hatte und prachtvoll mit Hirschgeweihen und mittelalterlichen Rüstungen ausgestattet war. Dahinter lag ein großes Wohnzimmer, und in einem Lehnstuhl neben dem Kamin saß ein sehr grimmig aussehender Mann mit giftiger Miene. Zwei junge Damen in Weiß standen bei einem Bogenfenster am anderen Ende.

„Hallo! Hallo! Hallo! Was soll das – hä?“ rief der hitzköpfige Mann. „Sind Sie Dr. Wilkinson, oder was?“

„Ja, Sir, ich bin Dr. Wilkinson.“

„Also wirklich! Sie sehen sehr jung aus – viel jünger als ich dachte. Nun, nun, nun, Mason ist alt und hat trotzdem nicht viel Ahnung. Ich nehme an, wir müssen es mit jemand anderem versuchen. Sie sind der Wilkinson, der etwas über die Lungen geschrieben hat, ja?“

Jetzt ging ihm ein Licht auf! Die beiden einzigen Artikel, die der Arzt jemals für *The Lancet* geschrieben hatte, hatten von Lungenkrankheiten gehandelt – unbedeutende kleine Artikel, eingequetscht in eine Spalte zwischen ethische Streitfragen in der Medizin und Nachforschungen, wieviel es kostete, auf dem Land ein Pferd zu halten.

14 Eröffnung des Schädels

Sie hatten sich also doch gelohnt. Ein scharfes Auge hatte sie erspäht und sich den Namen des Verfassers gemerkt. Wer konnte behaupten, daß Mühe umsonst war und nicht sofort belohnt wurde?

„Ja, ich habe etwas darüber geschrieben."

„Ha! Na schön, und wo ist Mason?"

„Ich habe nicht die Ehre, ihn zu kennen."

„Nein? Das ist aber komisch. Er kennt Sie und hält große Stücke auf Ihre Meinung. Sie sind neu in der Stadt, nicht wahr?"

„Ja, ich bin erst seit kurzem hier."

„Das hat Mason auch gesagt. Er hat mir keine Adresse gegeben. Er sagte, er würde zu Ihnen gehen und Sie herbringen, aber als es meiner Frau schlechter ging, habe ich direkt jemanden zu Ihnen geschickt. Ich habe auch jemanden zu Mason geschickt, aber der war nicht da. Wir können allerdings nicht auf ihn warten, also rennen Sie nach oben und tun Sie, was Sie können."

„Nun, ich bin in einer ziemlich heiklen Lage", sagte Dr. Horace Wilkinson zögernd. „Wenn ich richtig verstehe, soll ich hier meinen Kollegen Dr. Mason wegen einer Konsultation treffen. Es wäre vielleicht nicht korrekt, die Patientin ohne ihn zu untersuchen. Ich denke, ich sollte besser warten."

„Warten – bei Jupiter! Glauben Sie, ich lasse zu, daß der Arzt ungerührt hier unten herumsteht, während es meiner Frau immer schlechter geht? Nein, Sir, ich bin ein Mann der klaren Worte, und ich sage Ihnen: Entweder Sie gehen nach oben – oder Sie verschwinden."

Der Arzt fand die Wortwahl sehr unpassend, aber wenn es um eine kranke Ehefrau ging, konnte man einem Mann vieles nachsehen. Er begnügte sich mit einer etwas steifen Verbeugung. „Ich werde hinaufgehen, wenn Sie darauf bestehen", sagte er.

„Das tue ich allerdings! Und noch etwas – ich will nicht, daß man ihr auf der Brust herumhämmert oder ähnlichen Hokuspokus anstellt. Sie hat Bronchitis und Asthma, und damit basta. Wenn Sie sie heilen können, ist es gut. Aber es schwächt sie nur, wenn Sie sie abklopfen und abhorchen, und es bringt nichts."

Persönliche Beleidigungen konnte der Arzt verschmerzen, aber sein Beruf war ihm heilig, und ein einziges abfälliges Wort darüber konnte ihn zur Weißglut bringen.

„Danke", sagte er und griff nach seinem Hut. „Ich habe die Ehre, Ihnen einen guten Tag zu wünschen. Ich lehne diesen Fall ab."

„Hoppla! Was ist denn jetzt los?"

„Ich pflege keine Diagnosen zu stellen, ohne meinen Patienten untersucht zu haben. Es wundert mich, daß Sie einem Mediziner so etwas vorschlagen. Guten Tag!"

Aber Sir John Millbank war ein Geschäftsmann und glaubte an den kommerziellen Grundsatz, daß eine Sache um so wertvoller ist, je schwieriger man sie bekommt. Das Urteil eines Arztes war für ihn nur eine Frage von ein paar Guineen gewesen. Aber hier hatte er einen jungen Mann vor sich, der sich weder von seinem Geld noch von seinem Titel beeindrucken ließ, und sein Respekt vor ihm wuchs enorm.

„Tss, tss!" sagte er. „Mason ist nicht so dünnhäutig! Schon gut, machen Sie, was Sie wollen, ich sage nichts mehr! Ich gehe nur hinauf und sage Lady Millbank, daß Sie kommen."

Kaum war die Tür hinter ihm ins Schloß gefallen, kamen die beiden jungen Damen aus ihrer Ecke zum Vorschein und waren aus dem Häuschen vor Freude, sehr zum Erstaunen des Arztes.

„Oh, bravo! Bravo!“ rief die größere und klatschte in die Hände.

„Lassen Sie sich nicht von ihm einschüchtern, Doktor“, sagte die andere. „Oh, es war so schön, zu hören, wie Sie ihm die Meinung gesagt haben! So springt er auch immer mit dem armen Dr. Mason um. Dr. Mason hat Mama noch nie untersucht – für ihn ist Papas Wort Gesetz. Pst, Maude, hier kommt er wieder.“ Sie huschten schnell wieder in ihre Ecke, still und demütig wie immer.

Dr. Horace Wilkinson folgte Sir John die breite, mit einem dicken Teppich belegte Treppe hinauf und betrat das abgedunkelte Krankenzimmer. In einer Viertelstunde hatte er den Fall vollständig geklärt und ging mit dem Ehemann wieder ins Wohnzimmer hinunter. Vor dem Kamin standen zwei Herren – ein sehr charakteristischer, glattrasierter junger Arzt und ein gutaussehender Mann mittleren Alters mit hellblauen Augen und einem langen roten Bart.

„Hallo, Mason, da sind Sie ja endlich!“

„Ja, Sir John, und ich habe wie versprochen Dr. Wilkinson mitgebracht.“

„Dr. Wilkinson! Was soll das heißen – das hier ist er!“

Dr. Mason starrte ihn entgeistert an. „Ich habe diesen Herrn nie gesehen!“ rief er.

„Nichtsdestotrotz bin ich Dr. Wilkinson – Dr. Horace Wilkinson, 114 Canal View.“

„Großer Gott, Sir John!“ rief Dr. Mason.

„Glauben Sie, daß ich in einem so wichtigen Fall einen Grünschnabel aus dem Ort konsultiere? Das hier ist Dr. Adam Wilkinson, Dozent für Lungenkrankheiten am Regent’s College in London, Arzt im St. Swithin’s Hospital und Autor von einem Dutzend Bücher zu diesem Thema. Er war zufällig bei einer Visite in Sutton, und ich wollte seine Anwesenheit nutzen, um das Urteil eines Experten über Lady Millbank zu hören."

„Danke", sagte Sir John trocken. „Aber ich fürchte, meine Frau ist jetzt ziemlich erschöpft, denn dieser junge Herr hat sie gerade sehr gründlich untersucht. Ich denke, wir lassen es fürs erste gut sein, aber da Sie sich herbemüht haben, bitte ich Sie natürlich um eine Rechnung."

Nachdem Dr. Mason und sein Freund, der Spezialist gegangen waren – ersterer mit angewiderter Miene, letzterer belustigt – , hörte Sir John sich alles an, was der junge Arzt über den Fall zu sagen hatte.

„Nun werde ich Ihnen etwas sagen", sagte er, als der Arzt fertig war. „Ich halte mein Wort, verstehen Sie? Wenn ich jemanden mag, hänge ich an ihm wie eine Klette. Ich bin ein guter Freund und ein unversöhnlicher Feind. Ich glaube Ihnen und nicht Mason. Ab sofort sind Sie mein Arzt und der meiner Familie. Machen Sie einen täglichen Hausbesuch bei meiner Frau. Was halten Sie davon?"

„Ich bin Ihnen sehr dankbar für Ihre guten Absichten, aber ich fürchte, ich kann Ihr Angebot nicht annehmen."

„He, was soll das heißen?"

„Ich kann unmöglich Dr. Masons Platz mitten in der Behandlung eines solchen Falles einnehmen! Das wäre sehr unprofessionell!"

„Ach, machen Sie doch, was Sie wollen!" rief Sir John verzweifelt. „Kein Mensch hat so ein Talent, Schwierigkeiten zu machen. Sie hatten ein faires Angebot und haben es abgelehnt, und nun können Sie sehen, wo Sie bleiben."

Der Millionär stapfte wütend aus dem Zimmer, und Dr. Horace Wilkinson ging nach Hause zu seiner Petroleumlampe und seinem Tee für einundachtzig Penny, mit seiner ersten Guinee in der Tasche und dem Gefühl, daß er die besten Traditionen seines Berufs gewahrt hatte.

Und dennoch war dieser Fehlstart auch ein geglückter Start, denn bald kam Dr. Mason zu Ohren, daß der junge Mann die Chance gehabt hatte, ihm seinen besten Patienten abspenstig zu machen, und es nicht getan hatte. Um die Ehre der Ärzteschaft zu retten, muß man zugeben, daß das eher die Regel als die Ausnahme ist, doch für einen so jungen Arzt war bei einem so reichen Patienten die Versuchung größer als gewöhnlich. Es gab einen dankbaren Brief, einen Besuch, und schließlich entstand eine Freundschaft, und nun betreiben Mason und Wilkinson die größte Familienpraxis in Sutton.

Evas Fluch

Robert Johnson war ein Durchschnittsmensch, der sich nicht von Millionen anderen unterschied. Er hatte ein blasses Gesicht, sah durchschnittlich aus, hatte kaum eine eigene Meinung, war dreißig Jahre alt und verheiratet.

Von Beruf war er Herrenschneider in der New North Road, und der ewige Konkurrenzkampf in der Branche zermürbte den letzten Rest Charakter, der ihm geblieben war.

Um es seinen Kunden rechtzumachen, hatte er sich angewöhnt, ihnen nach dem Mund zu reden, bis er durch die tägliche Routine so abgestumpft war, daß er eher eine seelenlose Maschine zu sein schien als ein Mensch.

Keine große Frage hatte ihn je beschäftigt. Am Ende dieses behaglichen Jahrhunderts, eingeschlossen in seiner kleinen Welt, schien es undenkbar, daß eine der mächtigen, primitiven Leidenschaften der Menschheit ihn je ergreifen würde.

Doch Geburt, Lust, Krankheit und Tod sind unveränderlich, und wenn ein Mann an einem plötzlichen Wendepunkt in seinem Leben mit einer dieser harten Tatsachen konfrontiert wird, fällt seine Maske der Zivilisation für einen Moment ab und erlaubt einen Blick auf das fremde, ausdrucksvollere Gesicht darunter.

Johnsons Frau war eine ruhige kleine Frau mit braunem Haar und freundlichem Wesen. Seine Liebe zu ihr war Johnsons einziger positiver Charakterzug.

Jeden Montagmorgen legten sie gemeinsam die Ware ins Fenster – die sauberen Hemden unten in die grünen Pappschachteln, die Schlipse hingen in Reihen an den Metallstangen, die billigen Druckknöpfe glänzten beidseitig auf weißer Pappe, und im Hintergrund waren Reihen mit Stoffmützen und die Schachteln, in denen die wertvolleren Hüte vor dem Sonnenlicht geschützt waren.

Sie machte die Buchführung und verschickte die Rechnungen. Niemand außer ihr kannte die Freuden und Sorgen seines unbedeutenden Lebens. Sie hatte seine überschwengliche Freude geteilt, als der Gentleman, der nach Indien ging, zehn Dutzend Hemden und unzählige Kragen gekauft hatte, und war ebenso niedergeschmettert gewesen wie er, als nach Lieferung der Ware die Rechnung vom Hotel zurückgeschickt wurde – mit dem Hinweis, daß eine solche Person nie bei ihnen gewohnt hatte.

Fünf Jahre hatten sie gearbeitet und das Geschäft aufgebaut, um so enger miteinander verbunden, weil ihre Ehe kinderlos geblieben war.

Jetzt aber stand eine Veränderung an, und zwar sehr bald. Sie konnte nicht nach unten kommen, und ihre Mutter, Mrs. Peyton, kam aus Camberwell hinüber, um ihr Enkelkind willkommen zu heißen.

Johnson bekam etwas Angst, als sich die Stunde seiner Frau näherte. Aber es war ja schließlich ein natürlicher Vorgang. Die Frauen anderer Männer überstanden es ohne Schaden, warum sollte das nicht auch für seine gelten? Er war selber eins von vierzehn Kindern, und seine Mutter war am Leben und bei bester Gesundheit.

Nur in Ausnahmefällen ging etwas schief. Und doch – trotz aller vernünftigen Betrachtungen war der Gedanke an den Zustand seiner Frau für ihn immer präsent.

Dr. Miles aus Bridgport Place, der beste Mann in der Nachbarschaft, war schon fünf Monate vor dem Termin benachrichtigt worden, und im Laufe der Zeit tauchten viele winzigkleine weiße Hemdchen mit Rüschen und Bändern zwischen der Herrenbekleidung auf.

Und eines Abends, als Johnson gerade die Schals im Laden mit Preisschildern versah, hörte er hastige Schritte oben, und Mrs. Peyton kam hinuntergerannt und sagte, daß es Lucy schlechtginge und daß ihrer Meinung nach der Arzt sofort kommen solle.

Es war nicht Roberts Art, sich zu beeilen. Er war ruhig und gesetzt und erledigte gern alles der Reihe nach. Von seinem Laden an der Ecke der New North Road bis zum Haus des Arztes am Bridport Place war es nur eine Viertelmeile, und da keine Kutsche in Sichtweite war, machte er sich zu Fuß auf den Weg und vertraute dem Gehilfen das Geschäft an.

Am Bridport Place sagte man ihm, daß der Doktor gerade in der Harman Street sei, um einen Mann zu behandeln, der einen Anfall hatte.

Johnson ging in Richtung Harman Street, etwas weniger gelassen und dafür etwas besorgter.

Zwei Kutschen fuhren an ihm vorbei, aber beide waren besetzt.

In der Harman Street erfuhr er, daß der Arzt zu einem Patienten mit Masern gegangen war. Glücklicherweise hatte er die Adresse genannt – Dunston Road 69, auf der gegenüberliegenden Seite des Regents' Canal.

Von Roberts Ungerührtheit war nichts mehr geblieben, als er an die Frauen dachte, die zu Hause warteten, und er rannte die Kingsland Road hinunter, so schnell er konnte. Unterwegs sprang er in eine Kutsche an der Ecke und fuhr in die Dunston Road.

Der Arzt war gerade gegangen, und Robert Johnson hätte sich am liebsten verzweifelt auf die Stufen gehockt.

Zum Glück hatte er die Kutsche warten lassen und war bald wieder am Bridport Place.

Dr. Miles war noch nicht zurück, wurde aber jeden Moment erwartet.

Johnson wartete in einem hohen, halbdunklen Raum, in dem ein leichter, unangenehmer Geruch von Äther in der Luft hing, und trommelte mit den Fingern auf seine Knie.

Die Möbel waren massiv und die Bücher in den Regalen alle wissenschaftlicher Natur. Eine klobige schwarze Uhr tickte schwermütig auf dem Kaminsims.

Sie zeigte an, daß es halb acht war und daß er schon über eine Stunde weg war.

Was sollten die Frauen von ihm denken! Jedesmal, wenn in weiter Ferne eine Tür zufiel, sprang er ungeduldig auf. Er horchte angestrengt auf die tiefe Stimme des Doktors.

Und dann hörte er plötzlich zu seiner Freude schnelle Schritte von draußen und das Umdrehen des Schlüssels in der Tür. In einer Sekunde war er schon im Vorzimmer, bevor der Arzt über die Schwelle getreten war.

„Bitte, Doktor, ich bin zu Ihnen gekommen“, rief er, „meiner Frau ging es gegen sechs Uhr plötzlich schlecht.“

Er wußte kaum, was er vom Arzt erwartete. Auf jeden Fall etwas Zupackendes – daß er nach ein paar Medikamenten griff und aufgeregt mit ihm durch die von Gaslaternen beleuchteten Straßen eilte. Stattdessen warf Dr. Miles seinen Schirm in den Schirmständer, nahm seinen Hut mit einer etwas ungeduldigen Geste seinen Hut ab und schob Johnson zurück in das Zimmer.

„Dann wollen wir mal sehen! Sie *haben* mich engagiert, nicht wahr?“ fragte er nicht übermäßig freundlich.

„O ja, Herr Doktor, im letzten November. Johnson, der Herrenschneider, wissen Sie, in der New North Road.“

„Ja, ja. Es ist etwas überfällig“, sagte der Arzt und warf einen Blick auf eine Namensliste in einem Notizbuch mit einem glänzenden Deckblatt. „Nun, wie geht es ihr?“

„Ich weiß n...“

„Ah, natürlich, es ist Ihr erstes. Nächstes Mal wissen Sie besser Bescheid.“

„Mrs. Peyton sagte, es sei Zeit, daß Sie kommen, Sir.“

„Aber guter Mann, beim ersten Kind hat es keine Eile. Es wird die ganze Nacht dauern, nehme ich an. Sie können eine Maschine nicht ohne Kohlen in Betrieb setzen, Mr. Johnson, und ich hatte nur ein leichtes Mittagessen.“

„Wir hätten Ihnen etwas zu essen machen können – etwas Warmes und eine Tasse Tee.“

„Danke, aber ich glaube, mein Abendessen steht schon auf dem Tisch. Ich kann im Anfangsstadium nichts tun. Gehen Sie nach Hause und sagen Sie, daß ich unterwegs bin, und dann bin ich auch gleich da.“

Ein regelrechtes Entsetzen überkam Robert Johnson, als er diesen Mann anstarrte, der in einem solchen Moment an sein Abendessen denken konnte.

Er hatte nicht genug Phantasie, um zu begreifen, daß das Ereignis, daß ihm so furchtbar wichtig erschien, die belangloseste Routineangelegenheit für den Mediziner war, der selbst kein Jahr hätte leben können, wenn er nicht bei seiner strapaziösen Arbeit ab und zu daran gedacht hätte, was er seiner eigenen Gesundheit schuldig war. In Johnsons Augen war er fast ein Ungeheuer.

Seine Gedanken waren bitter, als er zu seinem Laden zurücklief.

„Du warst lange weg!“ sagte seine Schwiegermutter vorwurfsvoll, als sie ihn oben an der Treppe erwartete.

„Ich kann nichts dafür!“ keuchte er. „Ist es überstanden?“

„Überstanden? Es muß schlimmer werden für das arme Ding, bevor es ihr besser gehen kann. Wo ist Dr. Miles?“

„Er kommt, wenn er zu Abend gegessen hat.“

Die alte Frau wollte antworten, als aus dem Nebenzimmer, dessen Tür halb offenstand, eine klagende Stimme laut nach ihr rief.

Sie rannte zurück und schloß die Tür, während Johnson todunglücklich in den Laden zurückkehrte. Er schickte den Gehilfen nach Hause, schloß den Laden und lenkte sich ab, indem er wie besessen Schachteln ausräumte. Als alles erledigt war, setzte er sich in das Hinterzimmer des Ladens, aber er konnte nicht stillsitzen.

Er stand immer wieder auf, um ein paar Schritte zu gehen, und fiel wieder in einen Stuhl.

Plötzlich hörte er Porzellan klappern, und er sah das Dienstmädchen mit einer dampfenden Teekanne und einer Tasse auf einem Tablett durch die Tür kommen.

„Für wen ist das, Jane?“ fragte er.

„Für die gnädige Frau, Mr. Johnson. Sie hat darum gebeten.“

Die bescheidene Tasse Tee war für Johnson ein unbeschreiblicher Trost. Es konnte nicht so schlimm sein, wenn seine Frau es schaffte, an solche Dinge zu denken.

Er war so erleichtert, daß er auch nach einer Tasse Tee fragte. Er hatte sie gerade ausgetrunken, als der Doktor mit einer kleinen schwarzen Ledertasche in der Hand erschien.

„Wie geht es ihr?“ fragte er gutgelaunt.

„Oh, viel besser“, sagte Johnson eifrig.

„Herrje, das ist schlecht!“ sagte der Arzt. „Vielleicht reicht es, wenn ich morgen früh vorbeikomme?“

„Nein, nein“, rief Johnson und packte ihn an seinem dicken Wintermantel. „Wir sind so froh, daß Sie gekommen sind. Und, Doktor, bitte kommen Sie bald und lassen Sie mich wissen, was Sie von der Sache halten.“

Der Arzt ging nach oben, und seine festen, schweren Schritte hallten durch das Haus.

Johnson konnte seine Stiefel knarren hören, als er den Flur über ihm durchquerte, und das Geräusch war ihm ebenfalls ein Trost. Die Schritte klangen energisch und entschlossen; es war der Gang eines Mannes mit viel Selbstvertrauen.

Er lauschte immer noch angestrengt, um mitzubekommen, was vor sich ging, und hörte, wie ein Stuhl über den Fußboden gerückt wurde, und einen Augenblick später, wie die Tür aufgestoßen wurde und jemand hinuntergestürzt kam.

Johnson sprang auf. Ihm standen die Haare zu Berge, weil er glaubte, etwas Schreckliches sei passiert, aber es war nur seine Schwiegermutter, die vor Aufregung außer sich war und nach Schere und Faden suchte.

Sie verschwand wieder, und Jane stieg mit einem Stapel frischgelüfteter Wäsche die Treppe hinauf. Eine Weile herrschte Stille, dann hörte Johnson die schweren, knarrenden Schritte, und der Arzt betrat das Zimmer.

„Schon besser", sagte er, die Hand noch an der Türklinke. „Sie sehen blaß aus, Mr. Johnson."

„O nein, Sir, gar nicht", antwortete er abwehrend und wischte sich die Stirn mit seinem Taschentuch ab.

„Es gibt keinen Grund zur Panik", sagte Dr. Miles. „Die Sache ist nicht ganz so, wie wir sie gern hätten. Aber wir hoffen das Beste."

„Besteht Gefahr, Doktor?" japste Johnson.

„Nun, Gefahr besteht natürlich immer. Es ist kein ganz einfacher Fall, aber es könnte auch noch viel schlimmer sein. Ich habe ihr eine Dosis gegeben. Ich habe gesehen, daß gegenüber von Ihrem Laden ein bißchen gebaut wurde. Das Viertel mausert sich! Die Mieten werden immer höher. Sie haben doch Mieteinnahmen durch Ihr kleines Häuschen, hm?"

„Ja, Sir, ja!" rief Johnson, der angespannt auf jedes Geräusch von oben lauschte und der es trotzdem sehr beruhigend fand, daß der Arzt es fertigbrachte, zu solch einem Zeitpunkt so leichthin zu plaudern. „Das heißt, nein, Sir, ich wohne auch nur zur Miete."

„Ah, ich an Ihrer Stelle würde ich aber lieber Vermieter sein als Mieter. Da ist Marshall, der Uhrmacher unten in der Straße. Ich habe seine Frau zweimal betreut und ihn vom Typhus kuriert, als sie die Kanalisation legten in der Prince Street. Ich versichere Ihnen, daß der Vermieter jährlich vierzig von ihm verlangt hat, und er mußte zahlen oder gehen."

„Ist seine Frau durchgekommen, Doktor?"

„O ja, sehr gut sogar. Hallo, hallo!"

Er legte die Hand hinter das Ohr und schaute mit fragendem Gesicht zur Decke, und schoß dann wie ein Pfeil aus dem Zimmer.

Es war März, und die Abende waren kühl, deshalb hatte Jane das Feuer angezündet, aber der Wind blies den Rauch zurück in den Schornstein, und die Luft war erfüllt von seinem beißenden Geruch. Johnson fror buchstäblich wie ein Schneider, aber eher aus Angst als durch das Wetter.

Er kauerte sich vor dem Feuer zusammen und streckte seine mageren weißen Hände danach aus. Um zehn brachte Jane ein kaltes Schnitzel zum Abendessen, aber er konnte es nicht anrühren. Er trank jedoch ein Glas Bier und fühlte sich danach besser.

Seine Anspannung schien sein Gehör geschärft zu haben, er konnte alle Kleinigkeiten in dem Zimmer über ihm verfolgen.

Einmal – noch gestärkt vom Bier – raffte er sich dazu auf, die Treppe auf Zehenspitzen hinaufzuschleichen und darauf zu lauschen, was vorging.

Die Schlafzimmertür stand ein Stück offen, und durch den Spalt erhaschte er einen Blick auf das rasierte Gesicht des Doktors, das noch müder und besorgter aussah als vorher.

Dann raste er wie ein Wahnsinniger nach unten und rannte zur Tür, um sich dadurch abzulenken, daß er beobachtete, was auf der Straße passierte.

Alle Geschäfte waren geschlossen, und ein paar übermütige Zechbrüder kamen johlend aus dem Pub.

Er blieb in der Tür stehen, bis die schwankenden Gestalten sich entfernt hatten, und ging dann zu seinem Sitzplatz am Feuer zurück.

In seinem benebelten Hirn wirbelten Fragen durcheinander, die er sich früher nie gestellt hatte.

War es gerecht? Was hatte seine liebevolle, unschuldige kleine Frau getan, daß es ihr so erging? Warum war die Natur so grausam?

Er erschrak über seine eigenen Gedanken und wunderte sich trotzdem, warum sie ihm nicht eher gekommen waren.

Als der Morgen anbrach, saß Johnson in seinen weiten Mantel gehüllt mit gebrochenem Herzen und am ganzen Leib zitternd da, starrte auf die graue Asche und wartete hoffnungslos auf irgendeine gute Nachricht.

Sein Gesicht war bleich und feucht von kaltem Schweiß, und seine Nerven waren betäubt durch die lange kummervolle Eintönigkeit.

Aber plötzlich war er wieder hellwach, als er hörte, wie die Schlafzimmertür aufging und der Arzt die Treppe hinunterkam.

Robert Johnson neigte im täglichen Leben nicht zu Gefühlsausbrüchen, aber jetzt schrie er fast, als er auf den Doktor zustürzte, um zu erfahren, ob es überstanden war.

Ein Blick in das ernste, ausgemergelte Gesicht sagte ihm, daß der Arzt keine guten Nachrichten brachte.

Die Erscheinung des Doktors hatte sich ebenso wie die von Johnson in den letzten Stunden verändert. Seine Haare standen zu Berge, das Gesicht war gerötet, und ihm traten Schweißperlen auf der Stirn.

Seine Augen funkelten, und der Zug um seinen Mund gab ihm einen kämpferischen Ausdruck, der zu einem Mann paßte, der stundenlang mit dem gierigsten Feind um die wertvollste Beute gerungen hatte.

Aber in seinem Gesicht war auch Traurigkeit zu lesen, als hätte sein ungnädiger Gegner die Oberhand behalten.

Er setze sich hin und vergrub das Gesicht in den Händen, als sei er völlig erschöpft.

„Ich hielt es für meine Pflicht, nach Ihnen zu sehen, Mr. Johnson, und Ihnen mitzuteilen, daß es ein sehr schwieriger Fall ist. Ihre Frau hat ein schwaches Herz, und einige Symptome gefallen mir nicht. Was ich sagen will: Wenn Sie eine zweite Meinung hören möchten, wäre ich gern bereit, mit jedem zusammenzuarbeiten, den Sie vorschlagen."

Johnson war so benommen von dem Bedürfnis nach Schlaf und den schlechten Nachrichten, daß er kaum begriff, was der Doktor meinte. Der andere sah sein Zögern und glaubte, daß er an die Kosten dachte.

„Smith oder Hawley würden für zwei Guineen kommen", sagte er. „Aber ich denke, Pritchard in der City Road ist der beste Mann."

„O ja, bringen Sie den besten Mann", rief Johnson.

„Pritchard wird drei Guineen verlangen. Er ist eine Kapazität, wissen Sie."

„Ich gebe ihm alles, was ich besitze, wenn er sie durchbringt. Soll ich zu ihm gehen?"

„Ja. Gehen Sie zuerst zu mir nach Hause und fragen Sie nach der grünen Filztasche. Mein Assistent wird Sie Ihnen geben. Sagen Sie ihm, ich brauche die A.C.E.-Mixtur. Ihr Herz ist zu schwach für Chloroform. Gehen Sie dann zu Pritchard und bringen Sie ihn mit."

Es war eine Erleichterung für Johnson, etwas tun zu haben und das Gefühl zu haben, seiner Frau zu helfen.

Er rannte zum Bridport Place, seine Schritte hallten durch die stillen Straßen, und die großen dunkelgekleideten Polizisten richteten ihre gelben Laternen auf ihn, als er vorbeilief.

Nach zwei Zügen an der Schnur der Nachtglocke kam ein verschlafener, halbangezogener Assistent herunter, der ihm eine mit einem Korken verschlossene Glasflasche und eine Stofftasche mit klapperndem Inhalt gab.

Johnson stopfte die Flasche in seine Tasche, griff nach dem grünen Beutel und hielt seinen Hut fest, und rannte, so schnell er konnte, bis er in der City Road war und Pritchards Namen in weißen Buchstaben auf einem roten Schild eingraviert sah.

Er stürmte im Triumph die drei Stufen hinauf, die zur Tür führten, und da ertönte ein Klirren hinter ihm. Seine kostbare Flasche lag in Scherben auf dem Bürgersteig. Einen Moment lang war ihm, als läge die Leiche seiner Frau dort. Aber das Laufen hatte seinen Geist belebt, und er begriff, daß das Mißgeschick wiedergutgemacht werden konnte.

Er zog ungestüm an der Klingelschnur.

„Ja, was gibt's?" fragte eine rauhe Stimme auf der Höhe seines Ellbogens.

Er fuhr zusammen und sah zu den Fenstern hinauf, doch dort rührte sich nichts.

Er streckte wieder die Hand nach der Klingelschnur aus, als ein veritables Gebrüll aus der Wand kam.

„Ich kann hier nicht die ganze Nacht herumstehen und mir einen abfrieren!" kreischte die Stimme. „Sagen Sie, wer Sie sind, oder ich schließe das Sprechrohr!"

Erst dann sah Johnson, daß genau über der Klingel das Ende eines Sprechrohrs aus der Wand hing.

Er schrie hinein: „Ich möchte, daß Sie sofort mit mir kommen, um Dr. Miles bei einer Entbindung zu unterstützen."

„Wohin?" kreischte die ungeduldige Stimme.

„In die New North Road in Hoxton."

„Mein Honorar betragt drei Guineen, vor Ort zahlbar."

„In Ordnung", brüllte Johnson. „Und bringen Sie eine Flasche A.C.E. mit!"

„Gut! Warten Sie einen Moment!"

Fünf Minuten später stieß ein älterer Mann mit strengem Gesicht und graumeliertem Haar die Tür auf. Irgendwo in der Dunkelheit rief eine Stimme: „Denk an deine Krawatte, John!", und er knurrte ungeduldig irgendeine Antwort über die Schulter.

Der Arzt war durch ein Leben rastloser Arbeit abgehärtet und sah sich wie soviele andere gezwungen, die finanzielle Seite seines Berufs höher zu bewerten als die menschliche, weil er für eine immer größer werdende Familie sorgen mußte. Aber unter der rauhen Schale steckte ein weiches Herz.

„Wir wollen keinen Rekord brechen", sagte er, hielt inne und schnappte nach Luft, nachdem er fünf Minuten versucht hatte, mit Johnson Schritt zu halten. „Ich würde schneller gehen, wenn ich könnte, mein Herr, und habe vollstes Verständnis für Ihre Sorge, aber ich schaffe es wirklich nicht!"

So mußte Johnson, der vor Ungeduld brannte, seine Schritte bremsen, bis sie die New North Road erreichten, und da stürmte er vorwärts und hielt dem Arzt die Tür offen, als er ankam.

Er hörte, wie die beiden Ärzte sich vor dem Schlafzimmer begegneten und schnappte ein paar Gesprächsfetzen auf. „Entschuldigung, daß wir Sie aus dem Bett geholt haben – schwieriger Fall – anständige Leute." Dann versickerte es in einem Gemurmel, und die Tür schloß sich hinter ihnen.

Johnson richtete sich in seinem Sessel auf und horchte eifrig, denn er wußte, daß eine Krise bevorstehen mußte. Er hörte, wie die beiden Ärzte auf und ab gingen und konnte die Schritte der beiden unterscheiden: Pritchard schlurfte, der andere ging schnell und gewandt. Ein paar Minuten herrschte Stille, und dann ertönte eine merkwürdiger Singsang, wie von einem

Betrunkenen und anders als alles, das er je gehört hatte. Gleichzeitig waberte ein süßlicher Geruch, den weniger überreizte Nerven als seine vielleicht nicht wahrgenommen hätten, die Treppe hinunter und erfüllte den Raum. Der Ton der Stimme ging in ein Summen über und verstummte schließlich ganz, und Johnson stieß einen langen Seufzer der Erleichterung aus, denn er wußte, daß die Medizin ihre Wirkung getan hatte und daß, was immer kommen mochte, die Leidende keine Schmerz mehr haben würde.

Aber bald wurde ihm die Stille noch unerträglicher, als es die Schreie gewesen waren. Jetzt hatte er keine Ahnung mehr, was geschah, und seine Phantasie gaukelte ihm schreckliche Bilder vor. Er stand auf und ging zum Fuß der Treppe. Er hörte das Klappern von Metall und das gedämpfte Gemurmel der Ärzte. Dann hörte er Mrs. Peyton etwas sagen, es klang nach Besorgnis oder Mißbilligung, und wieder tuschelten die Ärzte miteinander. Zwanzig Minuten stand er gegen die Wand gelehnt da und lauschte auf die Gespräche, ohne ein Wort mitzubekommen. Und dann unterbrach plötzlich ein piepsiges Stimmchen die Stille, Mrs. Peyton schrie vor Freude auf, und der Mann im Wohnzimmer warf sich auf das Roßhaarsofa und strampelte vor Aufregung mit den Beinen.

Aber oft spielt das Schicksal mit uns Katz und Maus. Als eine Minute nach der anderen verging und immer noch nichts zu hören war außer dem dünnen Geschrei, kühlte sich Johnsons überschwengliche Freude ab. Er lag da und horchte. Sie gingen langsam auf und ab. Immer noch vergingen die Minuten, und es war kein Wort von der Stimme zu hören, auf die er lauschte. Seine Nerven waren von der aufreibenden Nacht abgestumpft, und er hockte in jämmerlicher Verfassung auf dem Sofa und wartete. Dort saß er auch noch, als die Ärzte herunterkamen – eine Elendsgestalt mit ungewaschenem Gesicht und nach der langen Nachtwache noch ungekämmtem Haar. Er stand auf, als sie kamen, und stützte sich am Kaminsims ab.

„Ist sie tot?“ fragte er.

„Ihr geht es gut“, antwortete der Arzt.

Und bei diesen Worten merkte das konventionelle kleine Menschenkind, das bis zu dieser Nacht nicht gewußt hatte, daß die Fähigkeit zu wildem Schmerz in ihm steckte, daß es sich auch überschwenglich freuen konnte, wovon es bisher nichts geahnt hatte.Sein erster Impuls war, auf die Knie zu fallen, aber er genierte sich vor den Ärzten.

„Kann ich hinaufgehen?“

„In ein paar Minuten.“

„Ich bin sicher, Doktor, ich bin sehr – ich bin sehr –“ Er brachte nicht mehr heraus. „Hier sind Ihre drei Guineen, Dr. Pritchard. Ich wünschte, es wären dreihundert.“

„Das wünschte ich auch!“ sagte der ältere Mann, und sie lachten, als sie sich die Hand gaben.

John öffnete ihnen die Ladentür und hörte sie reden, als sie einen Moment lang draußen standen.

„Einen Moment lang sah es übel aus.“

„Wir waren froh, daß wir Sie hatten.“

„Sehr, nehme ich an. Wollen Sie sich nicht setzen und eine Tasse Kaffee trinken?“

„Nein, danke. Ich muß noch zu einem anderen Fall.“

Die festen und die schlurfenden Schritte verhallten rechts und links. Johnson wandte sich von der Tür ab, immer noch mit dem freudigen Aufruhr im Herzen. Es schien der Anfang eines neuen Lebens zu sein. Er hatte das Gefühl, daß er ein stärkerer Mann mit mehr Tiefgang geworden war. Vielleicht hatte dann all dieses Leid einen Sinn gehabt – es könnte sich als Segen für ihn und seine Frau erweisen. Den bloßen Gedanken hätte er zwölf Stunden zuvor nicht fassen können. Er quoll über von neuen Gefühlen. Das Schicksal hatte ihn zwar einer harten Prüfung unterzogen, ihm aber gleichwohl auch neue Einsichten geschenkt.

„Kann ich raufkommen?“ rief er und rannte, ohne eine Antwort abzuwarten, die Treppe hinauf, wobei er drei Stufen auf einmal nahm.

Mrs. Peyton stand neben einer Wanne mit Seifenwasser und hatte ein Bündel auf dem Arm. Unter dem Saum einer braunen Decke sah man ein sonderbares, rotes kleines Gesicht mit zerknautschten Zügen, feuchten, leicht geöffneten Lippen und Augenlidern, die zitterten wie die Nase eines Kaninchens. Der schwache Nacken hatte den Kopf nach vorne sinken lassen, und er lag an Mrs. Peytons Schulter.

„Küß ihn, Robert!“ rief die Großmutter. „Küß deinen Sohn!“

Aber er empfand einen Widerwillen gegen das kleine, rotgesichtige, blinzelnde Geschöpf. Er konnte ihm die lange furchtbare Nacht noch nicht verzeihen. Er sah ein blasses Gesicht auf dem Kopfkissen und eilte zu ihr, so voller Liebe und Mitgefühl, daß er keine Worte dafür fand.

„Gott sei Dank ist es vorbei! Lucy, Liebling, es war schrecklich!“

„Aber ich bin jetzt so glücklich! Glücklicher als je zuvor!“ Ihr Blick war unverwandt auf das braune Bündel gerichtet.

„Du darfst nicht sprechen“, sagte Mrs. Peyton.

„Aber laß mich jetzt nicht allein“, flüsterte seine Frau.

So saß er lange da, seine Hand in ihrer. Die Lampe verbreitete gedämpftes Licht, und die ersten kühlen Strahlen der Morgensonne fielen durch das Fenster. Die Nacht war lang und dunkel gewesen, aber der Tag war danach um so schöner und klarer. London erwachte, auf den Straßen begann der übliche Lärm. Leben hatten begonnen und waren zu Ende gegangen, aber die große Maschinerie nahm wieder ihren tristen Betrieb auf.

Die Liebenden

Für einen Allgemeinmediziner, der den ganzen Tag mit seinen Patienten zu tun hat, ist es schwierig, ein bißchen Zeit zu reservieren, um etwas frische Luft zu schnappen.

Dafür muß er früh aufstehen und zwischen verrammelten Geschäften spazierengehen, wenn die Luft noch kühl aber sehr klar ist und alles – wie bei frostigem Wetter – sehr deutliche Konturen hat.

Diese Tageszeit hat einen eigenen Charme – abgesehen davon, daß man gelegentlich einen Postboten oder Milchmann trifft, hat man den Bürgersteig ganz für sich allein, und auch die alltäglichsten Dinge haben eine Frische an sich, als ob Brücken, Lampen und Ladenschilder soeben neu erwacht seien. Dann kann sogar eine Stadt im Landesinneren schön wirken und eine positive Ausstrahlung in ihrer raucherfüllten Luft liegen.

Aber ich lebte am Meer, in einer Stadt, die ohne ihren herrlichen Nachbarn häßlich gewesen wäre. Und wen kümmert schon die Stadt, wenn man auf einer Bank auf der Landzunge sitzen und auf die weite, blaue Bucht und die gelbe Sichel davor hinausschauen kann! Ich liebte es, wenn die See mit Fischerbooten übersät war wie ein Gesicht mit Sommersprossen, und ich liebte es, wenn die großen Schiffe vorbeifuhren, die man nur aus weiter Ferne sah – kleine Hügel ohne Rumpf, die weißen Segel schön und anmutig wie ein Brautkleid.

Aber am liebsten war es mir, wenn keine Spur von Menschen die Erhabenheit der Natur befleckte und wenn die Sonnenstrahlen aus den vorüberziehenden Regenwolken hervorbrachen. Ich habe die entfernten Schleier des strömenden Regens unter den trägen Wolken gesehen, während meine Landzunge golden erstrahlte, die Sonne auf den Wellen glitzerte und bis auf den Grund des grünen Wassers leuchtete, so daß man die purpurfarbenen Korallenriffe und den Seetang sehen konnte.

Nach solch einem Morgen kann ein Mann mit windzerzausten Haaren, die Gischt noch auf den Lippen und das Kreischen der Möwen noch im Ohr, frisch gestärkt in die Schwüle eines Krankenzimmers und zu seiner stumpfen, zermürbenden Arbeit zurückkehren.

Nach solch einem Morgen sah ich meinen alten Mann zum ersten Mal. Er kam zu meiner Bank, als ich gerade aufstand.

Er wäre mir auch in einer belebten Straße aufgefallen, denn er war sehr groß und hatte eine vornehme Ausstrahlung; sein Gesichtsausdruck und die Haltung seines Kopfes wirkten würdevoll. Er humpelte den gewundenen Pfad hinauf und stützte sich schwer auf seinen Stock, als könnten seine schwachen Glieder die breiten Schultern nicht mehr tragen.

Als er näher kam, erkannte mein erfahrener Blick die Alarmsignale der Natur, nämlich die leichte bläuliche Verfärbung der Nase und der Lippen, die zeigen, daß das Herz überstrapaziert ist.

„Dieser Aufstieg ist etwas anstrengend, Sir“, sagte ich. „Als Arzt muß ich sagen, daß Sie hier eine Pause einlegen sollten, bevor Sie weitergehen.“

Er neigte den Kopf auf eine gesetzte, altmodische Art und setzte sich auf die Bank. Ich sah, daß er nicht zum Reden aufgelegt war, und schwieg ebenfalls, aber ich konnte es mir nicht verkneifen, ihn aus den Augenwinkeln zu mustern, denn er war mit seinem flachen Hut mit gewellter Krempe, seiner schwarzen Satinkrawatte, die mit einer Spange befestigt war und vor allem mit seinem breiten, rötlichen, rasierten und von Falten verwitterten Gesicht so ein wunderschönes Überbleibsel aus der ersten Hälfte des Jahrhunderts.

Diese Augen hatten, bevor sie trübe geworden waren, aus dem Krähennest der Postschiffe Ausschau gehalten und die Grüppchen der Seeleute gesehen, die an den braunen Kais schufteten. Dieser Mund hatte über die ersten Ausgaben des „Pickwick" gelächelt und über den vielversprechenden jungen Mann gesprochen, der ihn geschrieben hatte. Das Gesicht war ein Almanach über siebzig Jahre, und jede Runzel war ein Eintrag – öffentlicher und privater Kummer hatten ihre Spuren hinterlassen. Die Furche auf der Stirn stand vielleicht für den Großen Aufstand[15], die Sorgenfalte möglicherweise für den Winter auf der Krim, und die übrigen kleinen Fältchen, wie ich hoffte, für den Tod von Gordon[16].

Und während ich noch meinen törichten Träumen nachhing, nahmen anstelle des alten Herrn mit seinem glänzenden Stock siebzig Jahre einer großen Nation vor mir Gestalt an.

Aber er holte mich bald wieder auf die Erde zurück.

Als er wieder zu Atem gekommen war, nahm er einen Brief aus seiner Tasche, setzte eine Hornbrille auf und las ihn aufmerksam durch.

---

15 Sepoy-Aufstand in Indien 1857.

16 Major-General Charles George Gordon (1833 – 1885), wurde beim Mahdi-Aufstand in Khartum getötet.

Obwohl ich keine Absicht hatte, zu spionieren, konnte ich nicht umhin, zu bemerken, daß der Brief von einer Frau geschrieben worden war. Als er zu Ende gelesen hatte und danach mit hängenden Mundwinkeln und leerem Blick auf die Bucht starrte, hatte ich noch nie jemanden gesehen, der so verlassen ausgesehen hätte.

Sein bekümmertes Gesicht weckte meine Anteilnahme, aber ich wußte, daß ihm nicht nach Reden zumute war, und so ließ ich ihn schließlich auf der Bank zurück und machte mich auf den Weg nach Hause, da das Frühstück und meine Patienten mich riefen.

Bis zum nächsten Morgen dachte ich nicht mehr an ihn. Dann erschien er zur gleichen Zeit wieder auf der Landzunge und setzte sich mit auf die Bank, die ich aus Gewohnheit als meine betrachtete. Er verbeugte sich wieder, bevor er Platz nahm, zeigte aber ebensowenig Interesse an einer Unterhaltung wie am Vortag.

In den letzten vierundzwanzig Stunden war eine Veränderung mit ihm vorgegangen, und zwar eine zum schlechteren. Das Gesicht wirkte bedrückter und faltiger, und die unheilverkündende Verfärbung war noch deutlicher sichtbar, als er den Hügel hinaufkeuchte. Die klaren Konturen von Wangen und Kinn waren durch einen grauen Eintagebart verunstaltet, und sein großer, wohlgeformter Kopf hatte etwas von der stolzen Haltung eingebüßt, die mich so beeindruckt hatte, als ich ihn das erste Mal gesehen hatte. Er hatte einen Brief bei sich – denselben oder einen anderen, aber auch von einer Frau geschrieben, und über diesem Brief brütete und grummelte er in seiner senilen Art. Seine Augenbrauen waren gerunzelt, sein Mund weinerlich verzogen wie der eines Kindes. Ich verließ ihn und fragte mich, wer er sein mochte und wie ein einziger Frühlingstag ihn so verändert haben konnte.

Am nächsten Morgen war ich so neugierig, daß ich Ausschau nach ihm hielt. Und tatsächlich, zum gleichen Zeitpunkt sah ich ihn den Hügel heraufkommen – aber diesmal sehr langsam, in gebückter Haltung und mit hängendem Kopf. Es war ein Schock für mich, ihn so verändert zu sehen.

Ich erlaubte mir die Bemerkung: „Ich fürchte, daß unser Klima Ihnen nicht bekommt, Sir."

Aber offenbar hatte er keine Kraft zum Reden. Ich glaube, er versuchte, eine passende Antwort zu geben, aber sie versickerte in einem Gemurmel, und er verstummte. Wie gebeugt und schwach und alt er wirkte – um mindestens zehn Jahre gealtert, seit ich ihn das letzte Mal gesehen hatte! Es ging mir zu Herzen, zu sehen, wie dieser nette alte Herr zugrundeging.

Da war der ewige Brief, den er mit seinen zitternden Fingern auseinanderfaltete. Wer war die Frau, deren Worte ihn so berührten? Eine Tochter vielleicht, oder eine Enkelin, die sein Sonnenschein hätte sein sollen, anstatt … Ich lächelte, als ich mich dabei ertappte, welche Bitterkeit in mir aufstieg und wie schnell ich mir eine Romanze über einen unrasierten alten Mann und seine Korrespondenz ausmalte.

Aber er ging mir den ganzen Tag nicht aus dem Kopf, und immer wieder sah ich die beiden zitternden, blaugeäderten, knochigen Hände und das raschelnde Papier, das sie hielten, vor mir.

Ich hatte nur wenig Hoffnung, ihn wiederzusehen. Ein weiterer Tag, an dem er gesundheitlich abbaute, würde ihn an sein Zimmer oder gar ans Bett fesseln, dachte ich. Daher war meine Überraschung groß, als ich auf meine Bank zuging und er schon da war. Aber als ich mich ihm näherte, war ich mir gar nicht so sicher, daß es wirklich derselbe Mann war. Der Hut mit der welligen Krempe war derselbe, ebenso der glänzende Stock und die Hornbrille. Aber wo waren die gebeugte Haltung und das mitleiderregende Gesicht mit den grauen Bartstoppeln geblieben? Er war glattrasiert und hatte einen entschlossenen Zug um den Mund, seine Augen glänzten, und sein Kopf thronte auf den breiten Schultern wie ein Adler auf einem Felsen. Er hielt sich kerzengerade wie ein Grenadier, und er stocherte mit seinem Stock kraftvoll in den Kieselsteinen herum. Im Knopfloch seines sorgfältig abgebürsteten schwarzen Mantels schimmerte eine goldene Blüte, und der Zipfel eines eleganten roten Seidentaschentuches hing aus seiner Brusttasche. Er hätte der älteste Sohn des bedauernswerten Geschöpfs sein können, das hier am Morgen zuvor gesessen hatte.

„Guten Morgen, Sir, guten Morgen!“ rief er und schwenkte vergnügt seinen Stock.

„Guten Morgen!“ erwiderte ich. „Wie schön die Bucht ist!“

„Ja, Sir, aber Sie hätten sie erst einmal kurz vor Sonnenaufgang sehen sollen!“

„Was – da waren Sie schon hier?“

„Ich war schon hier, als es noch so dunkel war, daß man kaum den Weg sehen konnte.“

„Sie sind ein Frühaufsteher.“

„Manchmal, Sir, manchmal!“ Er blickte prüfend zu mir auf, wie um sich zu vergewissern, ob ich seines Vertrauens würdig war. „Es ist nämlich so, Sir, daß heute meine Frau zu mir zurückkommt.“

Vermutlich verriet mein Gesicht deutlich, daß ich diese Erklärung nicht ganz begriff. In meinem Blick hatte er vielleicht Interesse gelesen, denn er rückte ziemlich nah an mich heran und begann leise und vertraulich zu erzählen, als sei die Sache so gewichtig, daß nicht einmal die Möwen eingeweiht werden durften.

„Sind Sie verheiratet, Sir?"

„Nein."

„Ach, dann verstehen Sie es nicht richtig. Meine Frau und ich sind seit fast fünfzig Jahren verheiratet und waren bis jetzt noch nie getrennt – noch nie!"

„Schon lange?" fragte ich.

„Ja, Sir, heute ist der vierte Tag. Sie mußte nach Schottland – aus Pflichtgefühl, verstehen Sie, und die Ärzte wollten mich nicht gehen lassen. Nicht, daß ich mich von ihnen hätte aufhalten lassen, aber sie war auf ihrer Seite. Jetzt ist es Gott sei Dank vorbei, und sie kann jeden Augenblick hier sein."

„Hier?"

„Ja, hier. Diese Landzunge und die Bank sind waren schon vor dreißig Jahren unsere Freunde. Die Leute, bei denen wir wohnen, sind ehrlich gesagt nicht sehr feinfühlig, und wir haben bei ihnen nur wenig Privatsphäre. Deshalb treffe ich mich lieber hier mit ihr. Ich war mir nicht sicher, mit welchem Zug sie kommt, aber wenn es der erste gewesen wäre, hätte sie mich hier vorgefunden."

„Wenn das so ist …", sagte ich und stand auf.

„Nein, nein, Sir", unterbrach er mich, „bitte bleiben Sie. Ich langweile Sie doch hoffentlich nicht mit meinen Privatangelegenheiten?"

„Im Gegenteil!"

„Diese letzten Tagen haben mich so mitgenommen! Ach, war das ein Alptraum! Vielleicht kommt es Ihnen komisch vor, daß ein alter Knabe wie ich solche Gefühle hat!"

„Es ist bezaubernd."

„Das ist kein Kompliment für mich, Sir! Jeder Mann auf diesem Planeten würde dasselbe empfinden, wenn er das Glück hätte, mit so einer Frau verheiratet zu sein. Da Sie mich sehen und mich von unserem langen gemeinsamen Leben reden hören, nehmen Sie vielleicht an, daß sie ebenfalls alt ist.“ Er lachte herzlich, und seine Augen funkelten bei dem komischen Gedanken. „Wissen Sie, sie ist eine von den Frauen, die im Herzen junggeblieben sind und deshalb auch ein junges Gesicht haben. Auf mich wirkt sie noch genauso wie in dem Augenblick, in dem sie zum ersten Mal meine Hand genommen hat – das war im Jahre ’45! Ein bißchen fülliger vielleicht, aber ihr einziger Fehler als junges Mädchen war der, daß sie einen Hauch zu dünn war. Sie stand gesellschaftlich über mir, wissen Sie – ich war Kommis und sie die Tochter meines Arbeitgebers. Oh! Es war eine echte Romanze, das können Sie mir glauben. Ich habe sie für mich gewonnen, und irgendwie ist das Wunder für mich immer wie neu geblieben. Die Vorstellung, daß dieses hübsche, liebenswerte Mädchen das ganze Leben an meiner Seite war und daß ich es geschafft habe …“ Er hielt plötzlich inne, und ich sah ihn überrascht an. Er zitterte am ganzen Körper. Seine Hände umklammerten das Holz, und seine Füße scharrten im Kies. Ich sah, was mit ihm los war – er wollte aufstehen, war aber so aufgeregt, daß er es nicht schaffte. Ich streckte schon die Hand aus, aber mein Taktgefühl veranlaßte mich dazu, sie zurückzuziehen und auf das Meer hinauszuschauen. Einen Augenblick später war er auf den Beinen und eilte den Pfad hinunter. Eine Frau kam uns entgegen. Sie war schon nahe bei uns, bevor er sie gesehen hatte – höchstens dreißig Yard entfernt.

Ich weiß nicht, ob sie jemals so gewesen war, wie er sie beschrieben hatte oder ob dieses Wunderwesen nur in seiner Phantasie existierte. Die Person, die ich erblickte, war zwar groß, aber dick und unförmig, hatte ein grobes, aufgedunsenes Gesicht und war grotesk gekleidet. An ihrem Hut flatterte ein grünes Band, dessen Anblick mir in den Augen wehtat, und ihr blusenähnliches Mieder saß schlecht. Und das war das schöne Mädchen, das die ewige Jugend für sich gepachtet hatte? Mir sank das Herz, als ich mir vorstellte, wie wenig eine solche Frau ihn wohl schätzte und wie unwürdig sie seiner Liebe sein mochte. Sie kam mit festen Schritten den Pfad hinauf, und er wankte ihr entgegen. Als sie sich begegneten, sah ich mit einem verstohlenen Seitenblick, daß er beide Hände ausstreckte, während sie vor einer Zärtlichkeit in der Öffentlichkeit zurückschreckte und eine seiner Hände nahm und schüttelte. Dabei sah ich ihr Gesicht, und ich hatte keine Sorge mehr um meinen alten Mann. Gebe Gott, daß, wenn diese Hand einmal zittert und dieser Rücken sich krümmt, die Augen einer Frau ebenso in die meinen schauen.

Die Frau eines Physiologen

Professor Ainslie Grey war nicht zur gewohnten Zeit zum Frühstück heruntergekommen. Die Uhr, die zwischen den Terrakottabüsten von Claude Bernard und John Hunter auf dem Kaminsims im Eßzimmer stand, hatte alle Viertelstunde geschlagen. Nun tickte ihr goldener Zeiger auf die Neun zu – und immer noch keine Spur vom Hausherrn. Das war noch nie vorgekommen. In den zwölf Jahren, die sie ihm den Haushalt führte, hatte seine jüngste Schwester noch nie erlebt, daß er sich auch nur um eine Sekunde verspätete. Sie saß vor der hohen silbernen Kaffeekanne und war sich nicht sicher, ob sie schweigend abwarten oder anordnen sollte, daß der Gong noch einmal geläutet wurde. Beides konnte falsch sein. Ihr Bruder war kein Mann, der Fehler durchgehen ließ.

Miss Ainslie Grey war überdurchschnittlich groß, dünn und hatte einen durchdringenden Blick, gerunzelte Augenbrauen und runde Schultern, an denen man die Vielleserin erkennt. Ihr Gesicht war lang und schmal, die Haut über den Wangenknochen gerötet, mit einer Denkerstirn und einem Anflug von absolutem Eigensinn auf den schmalen Lippen und dem vorspringenden Kinn. Eine schneeweiße Halskrause, der Kragen und das schmucklose dunkle Kleid, mit fast quäkerhafter Schlichtheit geschnitten, verrieten ihren einfachen Geschmack. Ein Kreuz aus Ebenholz hing über ihrer flachen Brust. Sie saß kerzengerade auf ihrem Stuhl, lauschte mit hochgezogenen Augenbrauen und ließ auf ihre typische nervöse Art ihre Brille hin und her baumeln.

Plötzlich hob sie den Kopf, nickte zufrieden und begann, den Kaffee einzugießen. Man hörte den gedämpften Klang schwerer Schritte auf dem dicken Teppich.

Die Tür ging auf, und der Professor kam mit schnellen, nervösen Schritten herein. Er nickte seiner Schwester zu, setzte sich auf die gegenüberliegende Seite des Tisches, und begann den kleinen Stapel Briefe zu öffnen, der neben seinem Teller lag.

Professor Ainslie Grey war zu diesem Zeitpunkt dreiundvierzig Jahre alt – fast zwanzig Jahre älter als seine Schwester. Seine Karriere war glänzend verlaufen. In Edinburgh, Cambridge und Wien hatte er sich sowohl in Physiologie als auch in Zoologie einen beachtlichen Ruf erworben.

Sein Werk *On the Mesoblastic Origin of Excitomotor Nerve Roots* hatte ihm einen Platz in der Royal Society eingebracht, und seine Veröffentlichung *Upon the Nature of Bathybius, with some Remarks upon Lithococci* war in mindestens drei europäische Sprachen übersetzt wurden.

Eine der bedeutendsten lebenden Autoritäten hatte ihn als die Verkörperung der besten Seiten der modernen Wissenschaft bezeichnet. Kein Wunder also, daß die auf ihren Ruf bedachte Stadt Stadt Birchespool nach dem Beschluß, eine medizinische Lehranstalt zu eröffnen, nur allzu froh war, ihren Lehrstuhl für Physiologie Mr. Ainslie Grey geben zu können.

Sie schätzten ihn besonders, weil sie überzeugt waren, daß ihr Institut für ihn nur eine Sprosse auf der Karriereleiter war und daß er bei der ersten Gelegenheit eine glänzendere Stellung annehmen würde.

Äußerlich war er seiner Schwester nicht unähnlich – die gleichen Augen, die gleiche Gesichtsform, die gleiche intelligente Stirn. Doch um den Mund hatte er einen energischeren Zug, und sein langer schmaler Unterkiefer war schärfer geschnitten und sah entschlossener aus. Er fuhr mit Daumen und Zeigefinger daran entlang, als er seine Briefe überflog.

„Die Dienstmädchen machen sehr viel Lärm", bemerkte er, als aus der Ferne Stimmengewirr zu hören war.

„Das ist Sarah", sagte seine Schwester, „ich werde mit ihr reden."

Sie hatte ihm seine Kaffeetasse gereicht und nippte an ihrer eigenen, wobei sie aus halbgeschlossenen Augen verstohlene Blicke auf das strenge Gesicht ihres Bruders warf.

„Der erste große Fortschritt der menschlichen Spezies", sagte der Professor, „war der Erwerb der Sprechfähigkeit dank der Entwicklung der linken frontalen Gehirnwindungen. Der nächste Schritt war die Kontrolle über das Sprechvermögen, aber die Frauen haben diesen Schritt noch nicht vollzogen."

Er kniff die Augen zusammen, als er das sagte, und reckte das Kinn vor, aber danach wandte er seinen alten Trick an: Er riß plötzlich beide Augen weit auf und starrte sein Gegenüber grimmig an.

„Ich bin nicht übermäßig redselig, John", sagte seine Schwester.

„Nein, Ada, du kannst in vieler Hinsicht dem überlegenen beziehungsweise männlichen Typ das Wasser reichen."

Der Professor verbeugte sich über seinem Eierbecher wie jemand, der ein gewähltes Kompliment äußert, aber die Dame schmollte und zuckte ungeduldig mit den Schultern.

„Du warst sehr spät heute morgen, John“, bemerkte sie nach einer Pause.

„Ja, Ada, ich habe schlecht geschlafen. Eine kleine zerebrale Kongestion, zweifellos zurückzuführen auf eine Überreizung des Denkzentrums. Mein Gemüt war ein bißchen in Aufruhr.“

Seine Schwester starrte ihn über den Tisch hinweg entgeistert an. Bisher waren die Gedankengänge des Professors ebenso regelmäßig wie seine Gewohnheiten gewesen. Zwölf Jahre täglichen Zusammenlebens hatten ihr klargemacht, daß er in einer heiteren und erhabenen Atmosphäre wissenschaftlicher Gelassenheit lebte und weit über den belanglosen Gefühlen stand, mit denen sich Kleingeister herumschlugen.

„Du bist überrascht, Ada“, bemerkte er. „Nun, das wundert mich nicht. Ich wäre selber überrascht gewesen, wenn man mir erzählt hätte, daß ich so sensibel auf vaskuläre Einflüsse reagiere. Denn schließlich sind alle Störungen vaskulär, wenn man sie gründlich genug untersucht. Ich trage mich mit dem Gedanken zu heiraten!“

„Doch wohl nicht Mrs. O’James“, rief Ada Grey und legte ihren Eierlöffel beiseite.

„Meine Liebe, bei Dir ist die weibliche Spezialität der Intuition bemerkenswert ausgeprägt. Es handelt sich wirklich um Mrs. O’James.“

„Aber Du weißt so wenig von ihr. Die Esdailes wissen selber so wenig! Sie ist wirklich nur eine flüchtige Bekannte, obwohl sie in *The Lindens* wohnt. Wäre es nicht klug, erst mit Mrs. Esdaile zu sprechen, John?“

„Ich glaube nicht, daß Mrs. Esdaile irgend etwas zu sagen hätte, das meine Handlungsweise beeinflussen würde, Ada. Ich habe mir die Sache reiflich überlegt. Der Geist eines Wissenschaftlers kommt nur langsam zu einem Entschluß, aber wenn, dann ändert er ihn fast nie mehr. Die menschliche Spezies ist von Natur aus für die Ehe geschaffen. Wie Du weißt, war ich so mit meiner wissenschaftlichen Arbeit und sonstigen Tätigkeiten beschäftigt, daß ich keine Zeit hatte, mich um mein Privatleben zu kümmern. Jetzt ist das anders, und ich sehe keinen triftigen Grund, mir die Gelegenheit entgehen zu lassen, eine geeignete Partnerin zu finden."

„Bist Du verlobt?"

„Noch nicht, Ada. Gestern habe ich es riskiert, der Dame gegenüber anzudeuten, daß ich bereit bin, mich in das allgemein übliche Schicksal der Menschheit zu ergeben. Ich werde sie heute morgen nach meiner Vorlesung aufsuchen und in Erfahrung bringen, wie weit sie mit meinen Plänen übereinstimmt. Aber Du runzelst ja die Stirn, Ada!"

Seine Schwester fuhr zusammen und versuchte, sich ihren Ärger nicht anmerken zu lassen. Sie stammelte sogar ein paar Worte, die man als Glückwunsch auslegen konnte, aber die Augen ihres Bruders hatten einen abwesenden Ausdruck bekommen, und er hörte ihr offensichtlich nicht zu.

„Ich bin sicher, John, daß ich Dir all das Glück wünsche, das Du verdienst. Wenn ich gezögert habe, so deshalb, weil mir klar ist, wie hoch das Risiko ist und weil diese Sache so plötzlich kommt – so unerwartet." Ihre schmale weiße Hand befingerte das schwarze Kreuz auf ihrer Brust. „In solchen Momenten brauchen wir Beistand, John. Wenn ich Dich dazu bewegen könnte, geistlichen Rat einzuholen –"

Der Professor wischte den Vorschlag mit einer wegwerfenden Handbewegung beiseite. „Es hat keinen Sinn, daß wir wieder davon anfangen", sagte er.

„Wir können darüber nicht streiten. Du setzt mehr voraus, als ich versprechen kann. Ich muß deinen Ansichten widersprechen. Wir haben keine gemeinsame Grundlage."

Seine Schwester seufzte. „Du hast keinen Glauben."

„Ich habe den Glauben an die gewaltigen Kräfte der Evolution, die die menschliche Spezies zu einem unbekannten, aber erhabenen Ziel führen."

„Du glaubst an nichts!"

„Im Gegenteil, meine liebe Ada, ich glaube an die Differenziertheit des Protoplasmas."

Sie schüttelte bekümmert den Kopf. Dies war das einzige Thema, bei dem sie wagte, die Unfehlbarkeit ihres Bruders in Frage zu stellen.

„Das gehört auch gar nicht zur Sache", bemerkte der Professor und faltete seine Serviette zusammen. „Wenn ich mich nicht irre, könnte uns noch eine Heirat ins Haus stehen. Was, Ada? Raus mit der Sprache!"

Seine kleinen Augen funkelten schelmisch, als er seine Schwester anblinzelte. Sie saß sehr steif da und zeichnete mit der Zuckerzange Muster in das Tischtuch.

„Dr. James M'Murdo O'Brien –" sagte der Professor feierlich.

„Nein, John, nein!" rief Miss Ainslie Grey.

„Dr. James M`Murdo O'Brien", fuhr ihr Bruder unbeirrbar fort, „ist ein Mann, der sich in der gegenwärtigen Wissenschaft bereits einen Namen gemacht hat. Er ist mein erster und bemerkenswertester Schüler. Ich versichere dir, Ada, daß sein *Remarks upon the Bile-Pigments, special Reference to Urobilin* wahrscheinlich ein Klassiker wird. Es ist keine Übertreibung, zu sagen, daß er unsere Ansicht über Urobilin revolutioniert hat."

Er hielt inne, aber seine Schwester saß mit gesenktem Kopf und geröteten Wangen da und schwieg. Das kleine Ebenholzkreuz hob und senkte sich bei ihren Atemzügen.

„Dr. James M'Murdo O'Brien wurde der Lehrstuhl für Physiologie in Melbourne angeboten. Er ist seit fünf Jahren in Australien und hat eine glänzende Zukunft zu erwarten. Heute fährt er nach Edinburgh, und in zwei Monaten wird er seine neuen Aufgaben übernehmen. Du weißt, was er für Dich empfindet. Es liegt bei Dir, ob er allein geht. Ich für meine Person kann mir keine höhere Bestimmung für eine kultivierte Frau vorstellen als den gemeinsamen Lebensweg mit einem Mann, der zu einer solchen Forschungsarbeit befähigt ist wie sie Dr. James M'Murdo O'Brien soeben erfolgreich abgeschlossen hat."

„Er hat mir nichts gesagt", murmelte die Dame.

„Ah, es gibt Zeichen, die subtiler sind als Worte", sagte ihrer Bruder und wiegte den Kopf. „Aber Du bist ganz blaß. Dein vasomotorisches System ist überreizt. Deine Arterien haben sich zusammengezogen. Laß mich Dir empfehlen, Dich zu beruhigen. Ich glaube, ich höre die Kutsche. Ich kann mir vorstellen, daß Du heute morgen Besuch bekommen wirst, Ada. Entschuldige mich jetzt."

Mit einem raschen Blick auf die Uhr verschwand er in der Halle. Ein paar Minuten später rollte er in seiner vornehmen Kutsche über die mit Ziegelstein gepflasterten Straßen von Birchespool.

Nach seiner Vorlesung stattete Professor Ainslie Grey seinem Labor einen Besuch ab. Dort überprüfte er ein paar wissenschaftliche Instrumente, machte Notizen über den Fortschritt von drei verschiedenen Bakterienkulturen, machte ein halbes Dutzend Dünnschnitte mit einem Mikrotom und löste schließlich die Probleme von sieben Herren, die in ebensovielen Richtungen der Forschung tätig waren. Nachdem er auf diese Weise gewissenhaft und methodisch seine täglichen Pflichten erfüllt hatte, stieg er wieder in seine Kutsche und ließ sich vom Kutscher zu *The Lindens* fahren. Während der Fahrt war sein Gesichtsausdruck kühl und ungerührt, aber er rieb sich von Zeit zu Zeit nervös das Kinn.

The Lindens war ein altmodisches, efeubewachsenes Haus, das einmal auf dem Land gelegen hatte, nach dem jetzt aber die wachsende Stadt ihre langen ziegelroten Fühler ausgestreckt hatte. Es stand immer noch fernab der Straße auf einem eigenen Grundstück. Ein Pfad, gesäumt von Lorbeersträuchern, schlängelte sich zu dem mit Säulen eingefaßten und einem Bogen überwölbtem Eingang. Auf der rechten Seite befand sich ein Rasen, und weiter entfernt saß eine Dame im Schatten eines Weißdornbuschs mit einem Buch in der Hand in einem Gartenstuhl. Als sie das Tor hörte, sah sie auf, und der Professor sah sie, wandte sich von der Tür ab und ging auf sie zu.

„Was! Wollen Sie nicht hineingehen und Mrs. Esdaile begrüßen?“ fragte sie und trat aus dem Schatten des Weißdorns heraus.

Sie war eine kleine Frau und sehr feminin – von dem hellen, zu einem Knoten aufgesteckten Haaren bis zu den hübschen Gartenschuhen, die unter ihrem cremefarbenen Kleid hervorschauten. Sie streckte eine kleine behandschuhte Hand zur Begrüßung aus, während sie mit der anderen ein dickes, grün eingebundenes Buch an sich drückte. Ihr taktvolles Verhalten war das einer reifen Frau von Welt, aber ihr Gesicht hatte immer noch einen mädchenhaften, ja sogar kindlichen Ausdruck, vor allem in den großen, furchtlosen grauen Augen und dem empfindsamen, humorvollen Mund. Mrs. O’James war Witwe und zweiunddreißig Jahre alt, aber keins von beidem war ihr anzusehen.

„Sie wollen sicher zu Mrs. Esdaile“, wiederholte sie und sah mit einem Blick zu ihm auf, in dem eine Mischung aus Herausforderung und Zärtlichkeit lag.

„Ich bin nicht wegen Mrs. Esdaile gekommen“, antwortete er, ebenso ernst und kühl wie gewöhnlich. „Ich wollte zu Ihnen.“

„Ich fühle mich sehr geehrt“, sagte sie mit nur einem Hauch von Akzent. „Was fangen die Studenten ohne ihren Professor an?“

„Ich habe meine heutigen Pflichten schon erfüllt. Nehmen Sie meinen Arm, dann können wir im Sonnenschein spazierengehen. Es ist kein Wunder, daß die Völker des Ostens die Sonne als Gottheit verehrt haben. Sie ist die gewaltige segensreiche Kraft der Natur – die Verbündete des Menschen gegen Kälte, Unfruchtbarkeit und alles, was ihm feindlich gesonnen ist. Was haben Sie gerade gelesen?“

„Hales *Matter and Life.*“

Der Professor zog seine buschigen Augenbrauen hoch.

„Hale!“ sagte er. Und dann noch einmal, in einer Art Flüstern: „Hale!“

„Sie stimmen nicht mit ihm überein?“ fragte sie.

„Ich bin nicht derjenige, der ihm widerspricht. Ich bin nur eine Monade – etwas Bedeutungsloses. Die ganze moderne Denkweise allerhöchsten Ranges widerspricht ihm. Er verteidigt Dinge, die nicht zu verteidigen sind. Er ist ein ausgezeichneter Beobachter, aber das Argumentieren ist nicht seine starke Seite. Ich rate Ihnen davon ab, sich auf Hale zu berufen.“

„Ich muß *Nature's Chronicle* lesen, um seinen schädlichen Einfluß abzuwehren“, sagte Mrs. O'James mit einem leisen, gurrenden Lachen.

Nature's Chronicle war eines der vielen Bücher, in denen Professor Ainslie Grey die Lehren des wissenschaftlichen Agnostizismus verfochten hatte.

„Es ist ein unvollkommenes Werk", sagte er. „Ich kann es nicht empfehlen. Ich rate Ihnen eher zu den Standardwerken meiner älteren und wortgewandteren Kollegen."

Es trat eine Stille ein, als sie im warmen Sonnenschein auf dem grünen samtigen Rasen auf und ab gingen.

„Haben Sie", fragte er schließlich, „einmal darüber nachgedacht, was ich gestern gesagt habe?"

Sie sagte nichts, sondern ging neben ihm her, den Blick abgewandt und das Gesicht zur Seite gedreht.

„Ich möchte Sie nicht drängen", fuhr er fort. „Ich weiß, daß man so eine Angelegenheiten nicht zwischen Tür und Angel entscheiden kann. Ich habe selber gründlich nachgedacht, bevor ich es gewagt habe, den Vorschlag zu machen. Ich bin kein Gefühlsmensch, aber in Ihrer Gegenwart empfinde ich den großen evolutionären Instinkt, durch den die beiden Geschlechter einander ergänzen."

„Dann glauben Sie also an die Liebe?" fragte sie und sah blinzelnd zu ihm auf.

„Ich bin dazu gezwungen."

„Und trotzdem bestreiten Sie, daß es eine Seele gibt?"

„Wieviel von diesen Fragen psychisch und wieviel materiell ist, ist noch nicht geklärt", sagte der Professor mit einem Ausdruck von Nachsicht. „Es kann sich herausstellen, daß Protoplasma die physikalische Basis sowohl der Liebe als auch des Lebens ist."

„Wie eigensinnig Sie sind!" rief sie aus. „Sie würden die Liebe auf ein rein physikalisches Niveau hinunterziehen."

„Oder die Physik auf das Niveau der Liebe erheben.“

„Sehen Sie, so ist es schon viel besser“, sagte sie mit ihrem verständnisvollen Lachen. „Das ist wirklich sehr schön und rückt die Wissenschaft in ein angenehmes Licht.“

Ihre Augen funkelten, und sie warf den Kopf zurück – mit der anmutigen Bewegung einer Frau, die Herrin der Lage ist.

„Ich habe Grund zu der Annahme“, sagte der Professor, „daß meine Stellung hier nur eine Stufe auf der Leiter zu einem weiteren Feld wissenschaftlicher Betätigung sein wird. Aber selbst hier bringt mir meine Arbeit etwa fünfzehnhundert Pfund pro Jahr ein, und dazu kommen noch ein paar hundert durch meine Bücher. Ich sollte daher imstande sein, Ihnen den Komfort zu bieten, den Sie gewohnt sind. Soviel zu meiner finanziellen Situation. Was meine Gesundheit betrifft, so war sie immer intakt. Ich war nie im Leben krank, abgesehen von vorübergehenden Anfällen von Kephalalgie – die Folge von Überbeanspruchung des Denkzentrums. Mein Vater und meine Mutter hatten keine ernsthaften Krankheiten, aber ich will Ihnen nicht verhehlen, daß mein Großvater an Podagra gelitten hat.“

Mrs. O’James sah besorgt aus. „Ist das etwas sehr Ernstes?“ fragte sie.

„Es ist Gicht“, sagte der Professor.

„Oh, ist das alles? Es klang viel schlimmer.“

„Es ist ein schweres Leiden, aber ich vertraue darauf, daß ich keinem Atavismus zum Opfer falle. Ich habe Ihnen diese Tatsachen dargelegt, weil sie für Ihre Entscheidung wichtig sind. Darf ich nun fragen, ob Sie meinen Antrag annehmen?“

Er blieb stehen und sah ernst und erwartungsvoll zu ihr hinunter.

Offensichtlich tobte ein Kampf in ihrem Inneren. Ihre Augen waren niedergeschlagen, ihre kleinen Füße wippten, und ihre Finger spielten nervös mit der Kette, die an ihrem Gürtel hing. Dann streckte sie ihrem Begleiter plötzlich mit einem Ruck die Hand hin. Es war eine abrupte Geste, die wirkte, als wollte sie etwas abschütteln.

„Ich nehme an“, sagte sie.

Sie standen im Schatten des Weißdorns. Er beugte sich ernst hinunter und küßte ihre behandschuhten Finger.

„Ich hoffe, daß du nie Grund haben wirst, deine Entscheidung zu bereuen“, sagte er.

„Ich hoffe, daß du nie Grund dazu haben wirst“, brachte sie hervor, und ihre Brust hob und senkte sich.

Sie hatte Tränen in den Augen, und ihre Lippen zuckten, was eine heftige Gefühlsregung verriet.

„Komm wieder in die Sonne“, sagte er. „Sie ist die große Kraft der Erneuerung. Deine Nerven sind erschüttert. Eine leichte Kongestion der Medulla und des Pons. Es ist immer ratsam, psychische oder emotionale Zustände auf ihre physischen Entsprechungen zu reduzieren. Eine bewiesene Tatsache gibt ein Gefühl von Sicherheit.“

„Aber es ist so furchtbar unromantisch“, sagte Mrs. O’James mit ihrem altbekannten Zwinkern.

„Romantik ist die Ausgeburt von Einbildung und Unwissenheit. Wo das ruhige und klare Licht der Wissenschaft hinfällt, ist ist glücklicherweise kein Platz mehr für Romantik.“

„Aber ist die Liebe nicht auch Romantik?“ fragte sie.

„Ganz und gar nicht! Die Liebe wurde den Dichtern aberkannt und ist jetzt eine Domäne der wahren Wissenschaft. Vielleicht erweist sie sich als eine der großen elementaren Kräfte des Kosmos. Wenn ein Hydrogen-Atom ein Chlor-Atom anzieht, um ein perfektes Hydrochlor-Molekül zu formen, dann kann diese Anziehungskraft derjenigen ähneln, die mich zu dir zieht. Anziehung und Abstoßung scheinen die primären Kräfte zu sein. Liebe ist die Anziehung."

„Und da kommt die Abstoßung", sagte Mrs. O'James, als eine stämmige, rotwangige Dame über den Rasen hinweg auf sie zugerauscht kam. „Wie schön, daß Sie gekommen sind, Mrs. Esdaile! Hier ist Professor Grey."

„Wie geht es Ihnen, Professor?" fragte die Dame etwas geziert. „Es ist sehr klug von Ihnen, einen so schönen Tag hier zu verbringen. Ist es nicht himmlisch?"

„Es ist wirklich sehr schönes Wetter", antwortete der Professor.

„Hören Sie nur, wie der Wind in den Baumkronen seufzt!" rief Mrs. Esdaile und hob einen Finger. „Das ist das Wiegenlied der Natur. Professor Grey, können Sie sich nicht vorstellen, daß es das Flüstern von Engeln ist?"

„Auf die Idee bin ich noch nicht gekommen, Madam."

„Oh, Professor, ich muß Ihnen immer den gleichen Vorwurf machen. Sie haben keinen Sinn für die tiefere Bedeutung der Natur. Soll ich es fehlende Phantasie nennen? Überläuft Sie nicht ein gefühlvoller Schauer beim Gesang der Amsel dort?"

„Ich gestehe, daß ich nichts dergleichen verspüre, Mrs. Esdaile."

„Oder beim Anblick des zarten Grüns der Blätter? Sehen Sie nur das üppige Grün!"

„Chlorophyll“, murmelte der Professor.

„Die Wissenschaft ist so hoffnungslos prosaisch. Sie sortiert und etikettiert und verliert vor lauter Aufmerksamkeit für die kleinen Dinge den Blick auf die großen. Sie haben keine hohe Meinung von der Intelligenz der Frau, Professor Grey. Ich glaube, ich habe Sie so etwas sagen hören.“

„Es ist eine Frage des Gewichts“, sagte der Professor, schloß die Augen und zuckte die Schultern. „Das weibliche Gehirn wiegt im Durchschnitt zwei Unzen weniger als das männliche. Zweifellos gibt es Ausnahmen – die Natur ist immer flexibel.“

„Aber ‚schwerer‘ ist nicht unbedingt das gleiche wie ‚stärker‘“, sagte Mrs. O'James lachend. „Gibt es in der Wissenschaft nicht ein Gesetz des Ausgleichs? Können wir nicht hoffen, durch Qualität den Mangel an Quantität auszugleichen?“

„Ich glaube nicht“, bemerkte der Professor ernst. „Aber da ertönt gerade Ihr Essensgong. Nein, danke, Mrs. Esdaile, ich kann nicht bleiben, meine Kutsche wartet. Wiedersehen. Auf Wiedersehen, Mrs. O'James.“ Er lüftete den Hut und verschwand langsam zwischen den Lorbeersträuchern.

„Er hat keinen Geschmack“, sagte Mrs. Esdaile, „keinen Blick für Schönheit.“

„Im Gegenteil“, antwortete Mrs. O'James und reckte übermütig das Kinn. „Er hat gerade um meine Hand angehalten.“

Als Professor Ainslie Grey die Treppenstufen zu seinem Haus hinaufstieg, öffnete sich die Tür zur Eingangshalle, und ein kleiner, sehr gepflegter Herr erschien. Er hatte ein gebräuntes Gesicht, dunkle Knopfaugen und einen kurzen schwarzen Bart, der sich bedrohlich sträubte. Angespannte Kopfarbeit hatte ihre

Spuren auf seinem Gesicht hinterlassen, aber er bewegte sich mit dem Elan eines Mannes, der seiner Jugend noch nicht Lebewohl gesagt hat.

„Ich bin ein Glückspilz!“ rief er, „ich wollte Sie sehen!“

„Dann kommen Sie in die Bibliothek“, sagte der Professor, „Sie müssen bleiben und mit uns zu Mittag essen.“

Die beiden Männer betraten die Halle, und der Professor ging voraus in sein privates Heiligtum. Er schob seinem Begleiter einen Sessel hin.

„Ich vertraue darauf, daß Sie Erfolg hatten, O'Brien“, sagte er. „Ich würde nie irgendeinen unngemessenen Druck auf meine Schwester Ada ausüben, aber ich habe ihr zu verstehen gegeben, daß es keinen gibt, der mir als Schwager lieber wäre als mein brillantester Schüler, der Autor von *Some Remarks upon the Bile-Pigments, with special reference to Urobilin.“*

„Sie sind sehr freundlich, Professor Grey – Sie waren es immer“, sagte der andere. „Ich habe Miss Grey darauf angesprochen, und sie hat nicht nein gesagt.“

„Dann hat sie also ja gesagt?“

„Nein, sie war dafür, die Sache bis zu meiner Rückkehr aus Edinburgh offenzulassen. Ich reise heute ab, wie Sie wissen, und hoffe, daß ich morgen meine Forschung aufnehmen kann.“

„Über die komparative Anatomie des Blinddarms, von James M'Murdo O'Brien“, sagte der Professor andächtig. „Ein rühmliches Thema – genau darin wurzelt die evolutionäre Philosophie.“

„Ah! Sie ist das wunderbarste Mädchen der Welt“, rief O'Brien mit einem plötzlichen kurzen Aufflackern von keltischem Enthusiasmus, „sie ist die Wahrhaftigkeit und Ehrlichkeit selbst!“

„Der Blinddarm –“ begann der Professor.

„Sie ist ein Engel, vom Himmel gesandt“, unterbrach ihn der andere. „Ich fürchte, daß mein Eintreten für wissenschaftliche Freiheit – auch in religiösen Angelegenheiten – uns im Wege steht.“

„In diesem Punkt dürfen Sie nicht wankelmütig werden. Sie müssen Ihren Überzeugungen treu bleiben, gehen Sie hier keine faulen Kompromisse ein.“

„Ich bin vom Agnostizismus überzeugt, und dennoch empfinde ich eine Leere – ein Vakuum. In der alten Kirche zu Hause hatte ich beim Duft des Weihrauchs und dem Klang der Orgel Gefühle, die ich in einem Labor oder Hörsaal niemals hatte.“

„Es wirkt anregend auf die Sinne“, sagte der Professor und rieb sich das Kinn. „Unbestimmte, erbliche Neigungen, die zum Leben erwachen, wenn der Geruchssinn und das Gehör stimuliert werden.“

„Vielleicht, vielleicht“, antwortete der junge Mann nachdenklich. „Aber darüber wollte ich nicht mit Ihnen sprechen. Bevor ich in ihre Familie einheirate, haben Ihre Schwester und Sie ein Recht, alles zu erfahren, was es über meinen Lebensweg zu wissen gibt. Von meinen weltlichen Angelegenheiten habe ich Ihnen bereits erzählt. Ich habe nur eine einzige Sache unterschlagen.Ich bin Witwer.“

Der Professor hob die Augenbrauen. „Das wußte ich wirklich noch nicht“, sagte er.

„Ich habe kurz nach meiner Ankunft in Australien geheiratet. Miss Thurston hieß sie. Ich habe sie auf einer Feier kennengelernt. Es war eine sehr unglückliche Ehe.“ Ein schmerzliches Gefühl überkam ihn. In seinem ausdrucksvollen Gesicht zuckte es, und seine weißen Hände umklammerten die Stuhllehnen.

Der Professor wandte sich ab und sah aus dem Fenster.

„Sie wissen es am besten“, bemerkte er, „aber ich finde es unnötig, daß Sie ins Detail gehen.“

„Sie haben ein Recht, alles zu wissen – Sie und Miss Grey. Diese Sache kann ich ihr nicht ins Gesicht sagen. Die arme Jinny war die beste Frau der Welt, aber sie war anfällig für Schmeicheleien und immer in Gefahr, von intriganten Leuten auf Abwege geführt zu werden. Sie war mir untreu, Grey. Es ist hart, so etwas über eine Tote zu sagen, aber sie war mir untreu. Sie ist mit einem Mann, den sie schon vor der Ehe gekannt hatte, nach Auckland durchgebrannt. Das Schiff, auf dem sie sich befanden, ist mit Mann und Maus untergegangen, keine Menschenseele wurde gerettet.“

„Das ist furchtbar, O’Brien“, sagte der Professor mit einer abwehrenden Handbewegung. „Mir leuchtet jedoch nicht ein, was es mit Ihrer Beziehung zu meiner Schwester zu tun hat.“

„Ich habe mein Gewissen erleichtert“, sagte O’Brien und stand von seinem Stuhl auf, „ich habe Ihnen alles erzählt, was es zu sagen gibt. Ich wollte nur nicht, daß Sie die Geschichte von jemand anderem hören.“

„Da haben Sie recht, O’Brien. Ihr Verhalten war äußerst ehrenwert und bedacht. Aber Sie haben keine Schuld – vielleicht abgesehen davon, daß es etwas leichtsinnig von Ihnen war, eine Lebensgefährtin zu wählen, von der sie nicht genug wußten.“

O’Brien hielt sich die Augen zu. „Das arme Mädchen!“ rief er. „Gott hilf mir, ich liebe sie immer noch! Aber jetzt muß ich gehen!“

„Werden Sie mit uns zu Mittag essen?“

„Nein, Professor, ich muß noch packen. Ich habe Miss Grey schon auf Wiedersehen gesagt. In zwei Monaten sehe ich Sie wieder.“

„Dann werde ich wahrscheinlich verheiratet sein.“

„Verheiratet!“

„Ja, ich denke seit einiger Zeit daran.“

„Mein lieber Professor, lassen Sie mich Ihnen herzlich gratulieren! Ich hatte keine Ahnung. Wer ist die Dame?“

„Mrs. O’James heißt sie – eine Witwe und eine Landsmännin von Ihnen. Aber zurück zu den Dingen, die wichtig sind: Ich wäre sehr dankbar, Ihre Schriften über den Blinddarm zu sehen. Ich könnte Sie vielleicht mit Material für ein oder zwei Fußnoten unterstützen.“

„Ihre Unterstützung wird für mich von unschätzbarem Wert sein“, sagte O’Brien enthusiastisch, und die beiden Männer trennten sich in der Halle. Der Professor ging wieder ins Eßzimmer, wo seine Schwester schon am Mittagstisch saß.

„Ich werde auf dem Standesamt heiraten“, bemerkte er, „und würde Dir dringend empfehlen, dasselbe zu tun.“

Professor Ainslie Grey hielt Wort. Zwei Wochen ohne Vorlesung waren eine zu gute Gelegenheit, um sie nicht zu nutzen. Mrs. O’James war eine Waise und hatte keine Verwandten und fast keine Freunde im Land. Nichts stand einer schnellen Heirat im Weg. Sie heirateten also mit so wenig Aufwand wie nur möglich und fuhren zusammen nach Cambridge, wo der Professor und seine bezaubernde Frau bei mehreren akademischen Untersuchungen dabei waren, und belebten ihre Flitterwochen mit Ausflügen in biologische Labore und medizinische Bibliotheken. Befreundete Wissenschaftler überboten einander in lauten Glückwünschen, nicht nur aufgrund von Mrs. Greys Schönheit, sondern auch dank ihrer Gewandtheit und Intelligenz, die sich zeigte, wenn sie physiologische Fragen erörterten.

Der Professor war selber erstaunt, wie genau sie informiert war. „Für eine Frau hast du ein beachtliches Wissen, Jeannette“, bemerkte er bei mehr als einer Gelegenheit. Er war sogar bereit, zuzugeben, daß ihr Gehirn vielleicht das reguläre Gewicht aufwies.

An einem nebligen Morgen mit Nieselregen kehrten sie nach Birchespool zurück, denn am nächsten Tag fing das Semester wieder an, und Professor Ainslie Grey hielt sich viel darauf zugute, daß er sein Leben lang immer pünktlich auf die Minute im Hörsaal erschienen war.

Miss Ada Grey hieß sie mit gezwungener Herzlichkeit willkommen und übergab der neuen Hausherrin die Schlüssel. Mrs. Grey bat sie inständig, zu bleiben, aber sie erklärte, daß sie bereits eine Einladung angenommen hatte, die sie mehrere Monate fernhalten würde. Am gleichen Abend reiste sie nach Südengland ab.

Ein paar Tage später brachte das Dienstmädchen kurz nach dem Frühstück eine Karte in die Bibliothek, wo der Professor saß und seine morgendliche Vorlesung vorbereitete. Die Karte kündigte die Rückkehr von Dr. James M`Murdo O’Brien an. Der jüngere Mann war bei der Begegnung überschwenglich, sein ehemaliger Lehrer kühl und förmlich.

„Wie Sie sehen, hat sich einiges geändert“, sagte der Professor.

„Ich habe davon gehört. Miss Grey hat mir in ihren Briefen darüber geschrieben, und ich habe die Notiz im *British Medical Journal* gelesen. Sie sind also wirklich verheiratet. Wie schnell und leise Sie das über die Bühne gebracht haben!“

„Ich habe eine angeborene Abneigung gegen Pomp und Inszenierung. Meine Frau ist ein vernünftiger Mensch – ich würde sogar soweit gehen, zu sagen, daß sie für eine Frau geradezu unnatürlich vernünftig ist. Sie war vollkommen damit einverstanden, wie ich die Dinge geregelt habe."

„Und Ihre Forschung über Vallisneria?"

„Dieser Vorfall – die Eheschließung – ist mir dazwischengekommen, aber ich habe meine Arbeit wieder aufgenommen, und wir werden bald wieder auf Hochtouren beschäftigt sein."

„Ich muß Miss Grey sehen, bevor ich England verlasse. Wir haben Briefe gewechselt, und ich glaube, alles wird gutgehen. Sie muß mit mir kommen. Ich glaube nicht, daß ich ohne sie gehen könnte."

Der Professor schüttelte den Kopf. „Sie sind nicht so schwach, wie Sie sich geben", sagte er. „Fragen dieser Art sind schließlich nebensächlich im Vergleich zu den großen Pflichten des Lebens."

O'Brien lächelte. „Sie möchten, daß ich meine keltische Seele gegen eine angelsächsische austausche", sagte er. „Entweder ist mein Gehirn zu klein oder mein Herz zu groß. Aber wann darf ich vorbeikommen und Mrs. Grey meine Aufwartung machen? Wird sie heute nachmittag zu Hause sein?"

„Sie ist jetzt zu Hause. Kommen Sie ins Wohnzimmer. Sie wird sich freuen, Ihre Bekanntschaft zu machen." Sie überquerten den Linoleumboden der Halle. Der Professor öffnete die Tür des Raumes und trat ein, sein Freund folgte ihm. Mrs. Grey saß in einem Korbstuhl, anzsuehen wie eine Fee in ihrem losen, weiten rosa Morgenmantel. Als sie den Gast sah, stand sie auf und ging ihnen entgegen. Der Professor hörte ein dumpfes Geräusch hinter sich. O'Brien war in einen Stuhl gesunken und hielt sich krampfhaft die Seiten.

„Jinny!" keuchte er, „Jinny!"

Mrs. Grey wie angewurzelt stehen und starrte ihn an. Ihr Gesicht zeigte keinen Ausdruck außer Fassungslosigkeit und Entsetzen. Dann schnappte sie nach Luft, taumelte und wäre umgefallen, wenn der Professor sie nicht aufgefangen hätte.

„Setz dich auf das Sofa“, sagte er.

Sie sank in die Kissen zurück; ihr Gesicht war immer noch kreidebleich und hatte denselben kalten, toten Ausdruck. Der Professor stand mit dem Rücken zum kalten Kamin und sah von einem zum anderen.

„So, O’Brien“, sagte er schließlich, „Sie kennen meine Frau schon!“

„Ihre Frau“, rief sein Freund mit heiserer Stimme. „Sie ist nicht Ihre Frau. Gott steh mir bei, sie ist *meine* Frau!“

Der Professor stand kerzengerade auf dem Teppich vor dem Kamin. Er verschränkte seine langen, schmalen Finger ineinander und senkte den Kopf ein wenig. Die beiden anderen hatten nur Augen für einander.

„Jinny!“ sagte er.

„James!“

„Wie konntest du mich so verlassen, Jinny? Wie hast du das fertiggebracht? Ich dachte, du seist tot. Ich habe um dich getrauert – oh, und jetzt trauere ich, weil du am Leben bist. Du hast mein Leben zerstört.“

Sie antwortete nicht, sondern lehnte sich in ihre Kissen zurück und starrte ihn immer noch unverwandt an.

„Warum sagst du nichts?“

„Weil du recht hast, James. Ich *habe* dich grausam behandelt – schändlich! Aber es ist nicht so schlimm, wie du denkst.“

„Du bist mit De Horta durchgebrannt.“

„Nein, bin ich nicht. Im letzten Moment hat mich mein besseres Ich zurückgehalten. Er ist allein gegangen.

Aber ich war zu beschämt, um zurückzukehren, nach dem, was ich dir geschrieben hatte. Ich konnte dir nicht unter die Augen treten. Ich bin allein unter einem neuen Namen nach England gegangen und habe seitdem hier gelebt. Es schien, als könnte ich ein neues Leben anfangen. Ich wußte, daß du dachtest, ich sei ertrunken. Wer hätte sich träumen lassen, daß das Schicksal uns wieder zusammenführen würde! Als der Professor um mich angehalten hat –“ Sie hielt inne und rang nach Luft.

„Du wirst ohnmächtig“, sagte der Professor, „leg den Kopf tiefer, das unterstützt die Blutzufuhr zum Gehirn.“ Er glättete das Kissen. „Ich muß Sie leider verlassen, O’Brien, meine Pflichten rufen mich. Wahrscheinlich sind Sie noch hier, wenn ich zurückkomme.“

Er verließ mit grimmiger, unbewegter Miene das Zimmer. Keinem der dreihundert Studenten, die in seiner Vorlesung saßen, fiel irgendeine Veränderung in seinem Auftreten oder Aussehen auf. Keiner von ihnen konnte ahnen, daß der asketische Herr, der vor ihnen stand, endlich gemerkt hatte, wie schwer es ist, über das eigene Menschsein hinauszuwachsen. Nach der Vorlesung verrichtete er routiniert seine Arbeit im Labor und fuhr dann wieder nach Hause. Er ging nicht durch die Vordertür hinein, sondern durchquerte den Garten und ging auf die Glastür zu, die zum Wohnzimmer führte. Als er näherkam, hörte er die Stimme seiner Frau und die von O’Brien; sie unterhielten sich laut und angeregt. Er blieb bei den Rosensträuchern stehen, unschlüssig, ob er in ihr Gespräch hineinplatzen sollte oder nicht. Nichts lag ihm ferner als Lauschen, aber noch während er zögernd dastand, vernahm er Worte, die ihn zur Salzsäule erstarren ließen.

„Du bist immer noch meine Frau, Jinny“, sagte O’Brien; „ich vergebe Dir aus tiefstem Herzen. Ich liebe Dich und habe nie aufgehört, Dich zu lieben, obwohl Du mich vergessen hattest.“

„Nein, James, mein Herz war immer in Melbourne. Ich war immer die Deine. Ich dachte, es wäre besser für Dich, Du hieltest mich für tot.“

„Jetzt mußt Du Dich zwischen uns entscheiden, Jinny. Wenn Du beschließt, hierzubleiben, werde ich dazu schweigen. Wenn Du aber beschließt, mit mir zu kommen, kümmert mich nicht, was die Welt dazu sagt. Vielleicht bin ich genauso schuld wie Du. Ich habe zuviel an meine Arbeit gedacht und zu wenig an meine Frau.“

Der Professor hörte das gurrende, zärtliche Lachen, das er so gut kannte. „Ich werde mit Dir gehen, James“, sagte sie.

„Und der Professor –?“

„Der arme Professor! Aber es wird ihm nicht viel ausmachen, James; er hat kein Herz.“

„Wir müssen ihm unsere Entscheidung mitteilen.“

„Das ist nicht nötig“, sagte Professor Ainslie Grey und kam durch die offene Glastür herein. „Ich habe das Ende Eures Gesprächs mitangehört. Ich wollte Euch nicht unterbrechen, bevor ihr zu einem Entschluß gekommen wart.“

O’Brien streckte die Hand aus und nahm die der Frau. Sie standen nebeneinander, und die Sonnenstrahlen fielen auf ihre Gesichter. Der Professor blieb an der Glastür stehen und verschränkte die Hände auf dem Rücken. Sein langer schwarzer Schatten fiel zwischen die beiden.

„Sie sind zu einer klugen Entscheidung gekommen“, sagte er. „Gehen Sie zusammen nach Australien zurück, und streichen Sie das, was passiert ist, aus Ihrem Leben.“

„Aber Sie – Sie – “, stammelte O’Brien.

Der Professor winkte ab. „Machen Sie sich meinetwegen keine Gedanken“, sagte er.

Die Frau gab einen Ton von sich, der halb Schrei und halb Keuchen war. „Was kann ich tun oder sagen?“ jammerte sie. „Wie hätte ich das voraussehen können? Ich dachte, mein altes Leben sei tot. Aber es ist zurückgekommen, mit all seinen Hoffnungen und Sehnsüchten. Was soll ich dir sagen, Ainslie? Ich habe einem ehrenwerten Mann Schande gemacht. Ich habe Dein Leben ruiniert. Wie sehr mußt Du mich hassen und verabscheuen! O Gott, ich wünschte, ich wäre nie geboren worden!“

„Ich hasse Dich weder, noch verabscheue ich dich, Jeannette“, sagte der Professor ruhig. „Du solltest nicht bedauern, daß Du geboren wurdest, denn Du hast eine wertvolle Mission zu erfüllen – nämlich die, einen Mann bei seinem Lebenswerk zu unterstützen, der bewiesen hat, daß er zu wissenschaftlicher Forschung erster Güte fähig ist. Inwiefern die Monade für seine angeborenen Neigungen verantwortlich gemacht werden kann, ist eine Frage, über die in der Wissenschaft noch nicht das letzte Wort gesprochen ist.“

Er hatte die Fingerspitzen aneinandergelegt, und seine Körperhaltung war die eines Menschen, der ein schwieriges und unpersönliches Thema ernsthaft ergründet. O’Brien war einen Schritt vorgetreten, um etwas zu sagen, aber das Auftreten des anderen ließ die Worte auf seinen Lippen ersterben. Bedauern oder Mitgefühl wären eine Unverschämtheit gegenüber jemandem, der seine privaten Kümmernisse so leicht mit den großen Fragen der abstrakten Philosophie verbinden konnte.

„Es ist unnötig, etwas aufzuschieben“, fuhr der Professor in demselben gelassenen Ton fort. „Mein Brougham steht vor der Tür, bitte benutzt ihn, als gehöre er Euch. Vielleicht ist es am besten, wenn Ihr beide die Stadt so bald wie möglich verlaßt. Deine Sachen werden Dir gebracht, Jeannette."

O'Brien zögerte und ließ den Kopf hängen. „Ich wage kaum, Ihnen die Hand zu geben", sagte er.

„Im Gegenteil. Ich finde, daß Sie von uns allen dreien am besten aus der Geschichte hervorgegangen sind. Es gibt nichts, wofür Sie sich schämen müßten."

„Ihre Schwester –"

„Ich werde dafür sorgen, daß Sie die Wahrheit erfährt. Auf Wiedersehen! Schicken Sie mir eine Kopie Ihrer neuesten Untersuchung. Leb wohl, Jeannette!"

„Leb wohl!"

Ihre Hände begegneten sich, und für einen kurzen Augenblick trafen sich auch ihre Blicke. Es war nur ein Moment, aber zum ersten und letzten Mal ließ die Intuition der Frau sie die dunklen Stellen in der Seele eines starken Mannes sehen. Ihr entfuhr ein leichtes Keuchen, und ihre freie Hand legte sich für einen Moment weiß und leicht wie eine Daunenfeder auf seine Schulter.

„James, James!" rief sie. „Siehst du nicht, wie nahe es ihm geht!"

Er schob sie sachte von sich.

„Ich bin kein Gefühlsmensch", sagte er. „Ich habe meine Pflichten – meine Erforschung der Vallisneria. Der Brougham ist da. Dein Mantel ist in der Halle. Sag John, wo er euch hinfahren soll. Geht jetzt."

Die beiden letzten Worte brachen so explosionsartig aus ihrem heraus und standen in einem solchen Gegensatz zu seinem gelassenen Ton und seinem maskenhaften Gesicht, daß die beiden vor ihm zurückschreckten. Er schloß die Tür hinter ihnen und ging langsam im Zimmer auf und ab. Dann ging er in die Bibliothek und schaute über die Gardinenstange hinweg nach draußen. Die Kutsche rollte davon. Er erhaschte einen letzten Blick auf die Frau, die seine Ehefrau gewesen war. Er sah ihre typisch weibliche Kopfhaltung und die Form ihres schönen Halses.

Aus einem albernen, sinnlosen Impuls heraus machte er ein paar Schritte auf die Tür zu. Dann wandte er sich um, ließ sich auf seinen Stuhl fallen und stürzte sich wieder in seine Arbeit.

Dieser häusliche Vorfall verursachte keinen großen Skandal. Der Professor hatte nur wenige persönliche Freunde und ging nur selten aus. Um seine Ehe hatte es sowenig Aufhebens gegeben, daß die meisten seiner Kollegen ihn immer noch als Junggesellen betrachteten. Mrs. Esdaile und ein paar andere hatten vielleicht geplaudert, aber der Stoff für Klatschgeschichten war nicht sehr ergiebig, denn sie hatten nur unbestimmte Ahnungen von dem Grund für diese plötzliche Trennung.

Der Professor war in seinen Lehrveranstaltungen gewissenhaft wie immer und leitete die Laborarbeit seiner Studenten mit demselben Feuereifer wie vorher. Seine eigenen privaten Untersuchungen trieb er fieberhaft voran. Für seine Diener war es nichts Ungewohntes, morgens nach unten zu kommen und das hektische Kritzeln seines unermüdlichen Federhalters zu hören oder ihn auf der Treppe anzutreffen, wenn er – eine stille graue Gestalt – zu seinem Zimmer hinaufging. Umsonst ermahnten ihn seine Freunde, daß ein solches Leben seine Gesundheit untergraben mußte. Er kümmerte sich nicht mehr um die Uhrzeit, bis Tag und Nacht zu einer einzigen langen, endlosen Arbeitsphase verschmolzen waren.

Bei diesem Lebensstil schlichen sich nach und nach Veränderungen in seinem Aussehen ein. Seine

Gesichtszüge, die ohnehin immer ausgemergelt gewirkt hatten, wurden noch schärfer und ausgeprägter. Über seinen Schläfen und zwischen den Augenbrauen gruben sich tiefe Falten ein. Seine Wangen waren eingefallen und sein Gesicht blutleer. Manchmal versagten seine Knie, wenn er ging, und als er einmal den Hörsaal verließ, stolperte er und mußte sich in seine Kutsche helfen lassen.

Das war kurz vor dem Ende des Semesters, und bald nach den Ferien erfuhren die Professoren, die noch in Birchespool tätig waren, zu ihrem Entsetzen, daß ihr Kollege vom Lehrstuhl für Physiologie so sehr abgebaut hatte, daß keine Hoffnung auf Genesung mehr bestand. Zwei herausragende Ärzte hatten über seinen Fall beraten, konnten aber keinen Namen für sein Leiden finden. Eine gleichmäßig nachlassende Vitalität schien das einzige Symptom zu sein – eine körperliche Schwäche, die den Verstand ungetrübt ließ. Er war sehr interessiert an seinem eigenen Fall und machte Notizen, die hilfreich für die Diagnose sein sollten. Über sein nahes Ende sprach er auf seine gewohnte gefühllose und etwas pedantische Art.

„Es ist die Assertion“, sagte er, „der Freiheit der einzelnen Zelle in Opposition zur Zellansammlung. Es ist die Auflösung einer zweckgebundenen Gemeinschaft. Der Prozeß ist von höchstem Interesse.“

Und so löste sich seine zweckgebundene Gemeinschaft an einem grauen Morgen auf. Ganz still und leise fiel er in den Schlaf der Ewigkeit. Seine beiden Ärzte empfanden eine leichte Verlegenheit, als sie den Totenschein ausfüllen sollten.

„Es ist schwierig, eine Bezeichnung dafür zu finden“, sagte der eine.

„Sehr“, sagte der andere.

„Wenn er ein etwas emotionalerer Mann gewesen wäre, würde ich sagen, er sei an einem plötzlichen nervlichen Schock gestorben – daran, was der Laie ein gebrochenes Herz nennt.“

„Ich glaube nicht, daß der arme Grey der Typ dafür war.“

„Sagen wir, es war ein kardiologisches Irgendwas, sagte der ältere Arzt.

Und so machten sie es.

Eine Frage der Diplomatie

Der Außenminister war durch einen Gichtanfall ans Bett gefesselt. Er hatte eine Woche nicht aus dem Haus gehen können und zwei Kabinettssitzungen verpaßt, und das ausgerechnet zu einem Zeitpunkt, als sein Ministerium unter großem Druck stand.

Er hatte zwar einen ausgezeichneten Sekretär und hervorragende Kollegen, aber der Minister war ein Mann von so reicher Erfahrung und hatte sein Urteilsvermögen so oft unter Beweis gestellt, daß die Dinge in seiner Abwesenheit ins Stocken gerieten. Wenn seine sichere Hand das Ruder führte, segelte das Staatsschiff wie bei günstigem Wind, aber wenn nicht, geriet es ins Schlingern. Schließlich meldeten sich zwölf britische Zeitungsherausgeber, die alle die Weisheit gepachtet hatten, zu Wort und gaben zwölf verschiedene Richtungen vor, und jede davon war der einzige Weg zum Ziel.

Die Opposition schwatzte dummes Zeug, und der überforderte Premierminister betete um die baldige Rückkehr seines abwesenden Kollegen. Der Außenminister saß in seinem Ankleidezimmer in dem großen Haus am Cavendish Square. Es war Mai, und im Square Garden vor seinem Fenster grünte und blühte es. Trotz des Sonnenscheins prasselte ein Feuer im Kamin des Krankenzimmers.

Der große Staatsmann saß in einem dunkelroten Plüschsessel, hatte den Kopf an ein Seidenkissen gelehnt und einen Fuß hochgelegt.

Sein feingeschnittenes Gesicht mit den tiefen Falten und den reglosen Augen mit den schweren Lidern schaute zu der künstlerisch bemalten und mit Schnitzereien verzierten Decke hinauf und zeigte einen unergründlichen Ausdruck. Diesen Ausdruck hatten seine Kollegen vom Kontinent auf dem berühmten Kongreß, bei dem er seinen ersten Auftritt auf dem Parkett der europäischen Diplomatie gehabt hatte, einerseits imponiert und sie andererseits zur Verzweiflung gebracht. Doch in diesem Moment hatte sein Talent, seine Gefühle zu verbergen, ihn ausnahmsweise im Stich gelassen – der Zug um seinen Mund und die Falten auf der breiten gewölbten Stirn verrieten deutlich genug seine Rastlosigkeit und Ungeduld.

Und es gab wirklich genug, worüber ihm graue Haare wachsen konnten, denn er hatte an vieles zu denken – und hatte sein Denkvermögen eingebüßt.

Da war zum Beispiel die Frage der Dobrudscha und der Schiffahrt auf den Donaumündungen, die endlich entschieden werden mußte. Der russische Kanzler hatte eine ausgezeichnete Beurteilung der Lage geschickt, und unser Minister hatte den größten Ehrgeiz, es ihm mit gleicher Münze heimzuzahlen. Dann war da noch die Blockade von Kreta, und die britische Flotte lag vor Cape Matapan und wartete auf Anweisungen, die vielleicht den Verlauf der europäischen Geschichte ändern würden. Und dann waren da noch die drei unglückseligen Touristen in Mazedonien, deren Freunde jeden Moment darauf gefaßt waren, ihre abgeschnittenen Ohren oder Finger zu bekommen, weil die exorbitante Lösegeldforderung nicht erfüllt worden war. Sie mußten irgendwie aus den Bergen geholt werden – mit Gewalt oder Diplomatie, andernfalls würde die empörte Öffentlichkeit ihrem Zorn in der Downing Street Luft machen. All diese Fragen drängten auf eine Antwort, und derweil saß der Außenminister von England in seinem Lehnstuhl fest, und all seine Gedanken kreisten ausschließlich um seinen großen Zeh! Es war erniedrigend – furchtbar erniedrigend! Sein Verstand lehnte sich dagegen auf. Er hatte immer eine hohe Selbstachtung gehabt, aber was sollte man von einer Maschine halten, die durch ein kleines Stückchen entzündetem Knorpel außer Betrieb gesetzt wurde? Er stöhnte und warf sich zwischen seinen Kissen hin und her. Aber war es völlig unmöglich, ins Oberhaus zu gehen? Vielleicht übertrieb der Arzt. Heute fand eine Kabinettssitzung statt. Er schaute auf die Uhr. Die Sitzung mußte fast zu Ende sein, aber vielleicht könnte er wenigstens riskieren, bis Westminster zu fahren.

Er schob den kleinen runden Tisch mit dem Arsenal von Medizinflaschen beiseite, umfaßte die Armlehnen des Sessels und stemmte sich hoch, griff nach einem dicken Gehstock aus Eichenholz und humpelte langsam durch das Zimmer. Als er sich bewegte, schien einen Moment lang seine geistige und körperliche Energie wieder zu erwachen. Die britische Flotte sollte von Matapan aus in See stechen. Man müßte die Türken unter Druck setzen, und den Griechen sollte man es mal zeigen – aua! Mit einem Schlag war der Mittelmeerraum vergessen, und es gab nur noch den großen, nicht wegzudiskutierenden, aufdringlichen, glühendroten Zeh. Er humpelte zum Fenster, legte die linke Hand aufs Fensterbrett und stützte sich mit der rechten Hand auf seinen Stock. Er sah den farbenfrohen Square Garden, ein paar gutangezogene Passanten und eine elegante Kutsche, die sich von seiner eigenen Haustür entfernte. Sein rascher Blick erkannte das Wappen, er kniff die Lippen einen Moment lang zusammen, und seine buschigen Augenbrauen zogen sich unheildrohend zusammen, so daß sich zwischen ihnen eine tiefe Falte bildete. Er hinkte zu seinem Stuhl zurück und läutete die Glocke, die auf dem Tisch stand.

„Rufen Sie die gnädige Frau!“ sagte er, als der Diener hereinkam.

Es war klar, daß er unmöglich ins Oberhaus gehen konnte. Der Schmerz in seinem Bein war eine Warnung, daß sein Arzt nicht übertrieben hatte. Aber nun hatte er eine andere Sorge, die für einen Augenblick seine körperlichen Leiden in den Schatten stellte. Er stieß ungeduldig seinen Stock zu Boden, bis die Tür des Ankleidezimmers aufging und eine große, elegante Frau, die das mittlere Lebensalter überschritten hatte, eintrat. Ihr Haar war graumeliert, aber ihr hübsches ruhiges Gesicht sah noch jung und frisch aus, und ihr grünes Samtkleid, das an der Brust und den Schultern mit Goldborte besetzt war, brachte ihre schlanke Figur sehr vorteilhaft zur Geltung.

„Du hast mich rufen lassen, Charles?“

„Wessen Kutsche war das, die da gerade weggefahren ist?“

„Oh, du bist also aufgestanden!“ rief sie und hob einen mahnenden Zeigefinger. „Was für ein böser Junge! Wie kannst Du so unfolgsam sein? Was soll ich Sir William sagen, wenn er kommt? Du weißt, daß er seine Fälle aufgibt, wenn Patienten sich nicht nach seinen Anweisungen richten.“

„Diesmal gibt vielleicht der Fall *ihn* auf“, sagte der Minister schnippisch, „aber ich muß Dich bitten, meine Frage zu beantworten, Clara.“

„Oh! Die Kutsche! Es muß die von Lord Arthur Sibthorpe gewesen sein.“

„Ich habe die drei Sparren im Wappen an der Kutsche gesehen“, murmelte der Kranke.

Seine Frau richtete sich auf, und ihre großen blauen Augen weiteten sich. „Warum fragst Du dann?“ sagte sie. „Man könnte beinahe glauben, Charles, daß Du eine Falle stellst! Hast Du gedacht, daß ich dich reinlegen würde? Du hast wohl vergessen, dein Lithiumpulver zu nehmen.“

„Um Himmels willen, hör auf damit! Ich habe gefragt, weil es mich überrascht hat, daß Lord Arthur uns besuchen kommt. Ich war der Meinung, Clara, daß ich mich in diesem Punkt klar ausgedrückt habe. Wer hat ihn in Empfang genommen?“

„Ich. Das heißt, ich und Ida.“

„Ich möchte nicht, daß er Ida begegnet. Ich bin damit nicht einverstanden. Die Sache ist schon viel zu weit gediehen.“

Lady Clara setzte sich auf einem samtbezogenen Hocker, nahm die Hand des Ministers und tätschelte sie.

„Jetzt hast Du es ausgesprochen, Charles“, sagte sie. „Es ist zu weit gegangen – ich gebe Dir mein Wort, Schatz, daß ich keine Ahnung hatte, bis es zu spät war. Vielleicht ist es meine Schuld – ja, zweifellos, aber es kam alles so plötzlich. Der Abschluß der Saison und eine Woche bei Lord Donnythornes – das war alles. Aber – oh, Charlie, sie liebt ihn so, und sie ist unsere Einzige! Wie können wir sie unglücklich machen?“

„Grrr!“ machte der Minister ungeduldig und schlug auf die gepolsterte Armlehne seines Stuhls. „Das ist zuviel! Ich sage Dir, Clara, all meine offiziellen Pflichten, alle Angelegenheiten dieses großen Empires machen mir nicht soviel Ärger wie Ida.“

„Aber sie ist unsere Einzige, Charles.“

„Um so mehr Grund, daß sie keine Mesalliance eingehen sollte."

„Mesalliance, Charles! Lord Arthur Sibthorpe, ein Sohn des Herzogs von Tavistock – sein Stammbaum läßt sich bis zur Heptarchie zurückverfolgen! Laut Debrett stammt die Familie in direkter Linie von Morcar, dem Grafen von Northumberland, ab."

Der Minister zuckte die Achseln.

„Lord Arthur ist der vierte Sohn des ärmsten Herzogs in England", sagte er. „Er hat keine Aussichten und keinen Beruf."

„Aber – oh, Charlie, Du könntest ihm beides beschaffen."

„Ich mag ihn nicht. Ich lege keinen Wert auf diese Verbindung."

„Aber denk an Ida! Du weißt, wie zart ihre Gesundheit ist. Sie liebt ihn von ganzem Herzen. Du würdest es doch nicht fertigbringen, sie zu trennen, Charles?"

Es klopfte. Lady Clara eilte zur Tür und riß sie auf.

„Ja, Thomas?"

„Wenn Sie gestatten, Mylady, der Premierminister ist unten."

„Führen Sie ihn herauf, Thomas."

„Nun, Charlie, reg Dich nicht über öffentliche Angelegenheiten auf. Sei ein braver Junge – sei freundlich, gelassen und zugänglich. Ich bin sicher, daß ich mich auf Dich verlassen kann."

Sie legte dem Kranken ihren Schal um die Schultern und huschte ins Schlafzimmer, als der große Mann durch die Tür des Ankleidezimmers geführt wurde.

„Mein lieber Charles", sagte er herzlich und betrat das Zimmer mit all dem jungenhaften Ungestüm, für den er berühmt war, „ich hoffe, daß es Dir etwas besser geht! Fast schon wieder im Sattel, oder? Wir vermissen

Dich schmerzlich, sowohl im Oberhaus als auch im Kabinett. Wegen dieser Griechenlandgeschichte braut sich ein richtiger Sturm zusammen – die *Times* hat heute morgen eine unerfreuliche Schlagzeile gebracht."

„Das habe ich gesehen", sagte der Kranke und sah lächelnd zu seinem Chef auf. „Also, wir müssen ihnen zeigen, daß das Land noch nicht ganz vom Printing House Square aus regiert wird. Wir müssen unseren Kurs beibehalten, ohne wankelmütig zu werden."

„Sicher, Charles, zweifellos", stimmte der Premierminister zu, die Hände in den Hosentaschen.

„Es ist sehr nett von Dir, daß du gekommen bist. Ich platze vor Ungeduld, zu erfahren, was im Kabinett passiert ist."

„Reine Formalitäten, sonst nichts. Übrigens, die Geiseln in Mazedonien sind wohlauf."

„Gott sei Dank!"

„Wir haben alles auf nächste Woche verschoben, wenn Du wieder da bist. Die Frage einer Auflösung wird immer dringender. Die Berichte aus den Provinzen sind hervorragend."

Der Außenminister rutschte ungeduldig auf seinem Stuhl hin und her und stöhnte.

„Wir müssen unsere auswärtigen Angelegenheiten wirklich ordnen", sagte er. „Ich muß Novikoffs Nachricht beantworten. Die ist sehr pfiffig, aber die Irrtümer sind offensichtlich. Ich wünschte auch, wir könnten an der afghanischen Grenze Ordnung schaffen. Diese Krankheit bringt mich zur Verzweiflung – es ist soviel zu tun, aber mein Gehirn ist benebelt. Manchmal denke ich, es ist Gicht, und manchmal schiebe ich es auf die Herbstezeitlose."

„Was wird unser Medizinertyrann dazu sagen?" lachte der Premierminister. „Du bist so respektlos,

Charles. Mit Bischöfen kann man noch auskommen, die sind Argumenten zugänglich. Aber ein Arzt mit Stethoskop und Thermometer ist etwas anderes. Dein Aktenstudium beeindruckt ihn nicht. Er ist Dir überlegen und genießt es. Und außerdem bist Du ihm gegenüber im Nachteil. Wer stark und gesund ist, könnte mit ihm fertigwerden. Hast Du Hahnemann gelesen? Was hältst du von ihm?“

Der Kranke kannte seinen berühmten Kollegen zu gut, um sich auf ein Gespräch über die abwegigen Fachgebiete einzulassen, in denen der Kollege so bewandert war. Seinem scharfsinnigen und praktischen Verstand war es ganz und gar zuwider, Kraft mit einer Diskussion über die Frühe Kirche oder die siebenundzwanzig Prinzipien von Mesmer zu verschwenden. Er hatte die Angewohnheit, so eine Konversation im Keim zu ersticken.

„Ich habe kaum einen Blick auf Hahnemanns Schriften geworfen“, sagte er. „Übrigens, ich nehme an, daß es keine besonderen Neuigkeiten im Außenministerium gibt?“

„Ach, das hätte ich fast vergessen! Ja, das war eins der Themen, derentwegen ich gekommen bin. In Tanger ist Sir Algernon Jones zurückgetreten – nun ist sein Posten unbesetzt.“

„Er sollte sofort neu besetzt werden – je länger es sich hinzieht, desto mehr Bewerber finden sich.“

„Ach ja, Protektion, Protektion!“ seufzte der Premierminister. „Jede freie Stelle schafft einen zweifelhaften Freund und ein Dutzend sehr angriffslustiger Feinde – und der erbittertste ist der abgelehnte Bewerber. Aber du hast recht, Charles. Am besten besetzt man den Posten sofort, vor allem, da wir ein bißchen Ärger in Marokko haben. Soviel ich weiß, hätte der Herzog von Tavistock den Posten gern für seinen vierten Sohn, Lord Arthur Sibthorpe. Wir haben dem Herzog gegenüber eine gewisse Verpflichtung.“

Der Außenminister setzte sich eifrig auf.

„Mein lieber Freund“, sagte er, „genau das wollte ich vorschlagen. Lord Arthur wäre zur Zeit in Tanger viel besser aufgehoben als in – an –“

„Am Cavendish Square?“ spekulierte sein Chef mit einem leichten Heben der Augenbrauen.

„Nun, sagen wir mal, als in London. Er hat gute Manieren und Taktgefühl. Er war zu Nortons Zeit in Konstantinopel.“

„Dann spricht er Arabisch?“

„Nur ein bißchen. Aber sein Französisch ist gut.“

„Da wir gerade vom Arabischen sprechen, Charles, hast Du einmal in Averroes hineingeschaut?“

„Nein, habe ich nicht. Aber Lord Arthur wäre in jeder Hinsicht die perfekte Besetzung. Hättest Du die Freundlichkeit, die Angelegenheit in meiner Abwesenheit zu regeln?“

„Sicher, Charles, sicher. Kann ich noch irgend etwas tun?“

„Nein. Ich hoffe am Montag wieder im Oberhaus zu sein.“

„Ich hoffe darauf – Du fehlst uns sehr. Die *Times* wird versuchen, wegen der Geschichte in Griechenland Ärger zu machen. Ein Schreiber von Leitartikeln ist schwerer zu hüten als ein Sack Flöhe, Charles. Man kann ihn nicht in Schach halten, wie verrückt seine Ideen auch sind. Auf Wiedersehen! Lies Porson! Auf Wiedersehen!“

Er schüttelte dem Kranken die Hand, schwenkte übermütig seinen breitkrempigen Hut und sauste mit dem gleichen Schwung aus dem Zimmer, mit dem er hereingekommen war. Der Diener hatte schon die breite Flügeltür geöffnet, um den illustren Gast zu seiner Kutsche zu begleiten, als eine Dame aus dem Wohnzimmer kam und ihn am Ärmel berührte. Hinter dem halbgeschlossenen Samtvorhang schaute – halb neugierig, halb ängstlich – ein blasses kleines Gesicht hervor.

„Darf ich Sie etwas fragen?"

„Natürlich, Lady Clara."

„Ich hoffe, es ist nicht zu aufdringlich. Nicht um alles in der Welt würde ich die Grenzen überschreiten –"

„Meine liebe Lady Clara!" unterbrach der Premierminister mit einer jungenhaften Verbeugung und schwenkte wieder den Hut.

„Sie brauchen nicht zu antworten, wenn ich zu weit gehe. Aber ich weiß, daß Lord Arthur Sibthorpe sich um die Stelle in Tanger beworben hat. Darf ich mir die Freiheit nehmen und fragen, was für Chancen er hat?"

„Der Posten wurde schon vergeben."

„Oh!" Zwei enttäuschte Gesichter.

„Und zwar an Lord Arthur!" Der Premierminister lachte über seinen kleinen Scherz. „Wir haben es soeben entschieden", fuhr er fort. „Lord Arthur muß in einer Woche gehen. Ich stelle mit Begeisterung fest, Lady Clara, daß die Erinnerung Ihre Zustimmung hat. Tanger ist ein außerordentlich interessanter Ort. Sie werden sich an Katharina von Braganza und Colonel Kirke erinnern. Burton hat sehr lobend über Nordafrika geschrieben. Ich esse in Windsor zu Abend, also werden Sie mich sicher entschuldigen. Ich hoffe, daß es Lord Charles bald besser geht – das läßt sich kaum vermeiden bei so einer Pflegerin."

Er verbeugte sich, winkte und eilte die Stufen zu seiner Kutsche hinunter. Als er wegfuhr, konnte Lady

Clara sehen, daß er schon in einen Roman versunken war, den er hinter einer Zeitung versteckte. Sie zog die Samtvorhänge wieder zu und ging ins Wohnzimmer zurück. Ihre Tochter stand am Fenster im Sonnenschein, groß, schmal und elegant. Sie sah ihrer Mutter ähnlich, aber sie war zarter und zerbrechlicher. Das goldene Licht fiel auf eine Seite ihres vornehmen, empfindsamen Gesichts, glänzte auf ihrem zu einem dicken Knoten hochgesteckten flachsblonden Haares und schimmerte blaßrosa auf ihrem enganliegenden Kleid aus hellbraunem Stoff mit seinen schönen zimtfarbenen Rüschen. Ihr eleganter weißer Nacken und der Kopf schauten wie eine Lilie im Moos aus der Halskrause hervor. Ihre schmalen weißen Hände waren gefaltet, und ihre blauen Augen blickten flehend zu ihrer Mutter.

„Du dummes Mädchen!“ sagte die Frau als Antwort auf den bittenden Blick. Sie legte die Hände auf die Schultern der Tochter und zog sie an sich. „Es ist ein sehr schöner Ort, wenn es nur für kurze Zeit ist. Es wird eine Sprosse auf der Karriereleiter.“

„Aber – oh! Mama, in einer Woche! Armer Arthur!“

„Er wird sehr froh sein.“

„Was! Froh, sich von mir zu trennen?“

„Das braucht er nicht. Du sollst ihn begleiten.“

„Oh! Mama!“

„Jawohl, sage ich.“

„Oh! Mama, in einer Woche?“

„Ja. In einer Woche kann viel erreicht werden. Ich werde heute Deine Aussteuer zusammenstellen.“

„Oh! Du bist Engel! Aber ich habe solche Angst! Und Papa? O Gott, ich habe solche Angst!“

„Dein Vater ist Diplomat, liebes Kind.“

„Ja, Ma.“

„Aber – ganz unter uns – er hat auch eine Diplomatin geheiratet. Wenn er mit dem Britischen Empire fertig wird, glaube ich, daß ich mit ihm fertig werde, Ida. Wie lange bist Du schon verlobt, Kind?"

„Zehn Wochen, Mama."

„Dann ist es Zeit, daß wir Nägel mit Knöpfen machen. Lord Arthur kann England nicht ohne Dich verlassen. Du mußt als Frau des Ministers nach Tanger. Nun setz dich auf das Sofa, Schatz, und laß mich nur machen. Da ist Sir Williams Kutsche! Ich glaube, daß ich Sir William zu nehmen weiß. James, bitten Sie den Doktor herein!"

Eine schwerfällige zweispännige Kutsche war vorgefahren, und das Geräusch des Türklopfers ertönte. Im nächsten Augenblick ging die Tür des Wohnzimmers auf, und der Diener begleitete den berühmten Arzt herein. Es war ein kleiner Mann, glattrasiert, in einem altmodischen schwarzen Anzug, weißer Krawatte und einem hohen weißen Stehkragen. Er hielt seinen goldenen Kneifer in der rechten Hand und schwang ihn im Rhythmus seiner Schritte und beugte sich spähend und blinzelnd nach vorn, mit einem Ausdruck, der den Gedanklen nahelegte, er habe bereits viele unerforschte und schwierige Fälle gesehen.

„Ah", sagte er, als er eintrat. „Meine kleine Patientin! Ich bin froh über diese Gelegenheit!"

„Ja, ich möchte mit Ihnen über sie sprechen, Sir William. Nehmen Sie bitte in diesem Sessel Platz."

„Danke, ich setze mich neben sie", sagte er und nahm auf dem Sofa Platz. „Sie sieht besser aus, nicht mehr so blutarm, und der Puls ist auch kräftiger. Und sie hat etwas Farbe bekommen – eine gesunde Farbe, keine hektische Röte."

„Ich fühle mich kräftiger, Sir William."

„Aber sie hat immer noch Schmerzen in der Seite."

„Ach ja, dieser Schmerz!" Er klopfte leicht auf die Stelle unter dem Schlüsselbein und horchte sie dann mit seinem Stethoskop ab. „Immer noch eine Spur von Mattigkeit – immer noch ein leichtes Rasseln", murmelte er.

„Sie haben von einer Luftveränderung gesprochen, Herr Doktor."

„Ja, eine Luftveränderung wäre ratsam."

„Sie sagten etwas von trockenem Klima. Ich möchte Ihre Empfehlungen auf den Punkt genau befolgen."

„Sie waren immer meine Musterpatienten."

„Das sind wir gern! ‚Trockenes Klima', haben Sie gesagt."

„Wirklich? Ich habe die Einzelheiten unseres Gesprächs schon vergessen. Aber ein trockenes Klima ist wirklich angebracht."

„Welcher Ort genau?"

„Nun, ich denke, man sollte einem Patienten etwas Narrenfreiheit lassen. Ich darf nicht allzu streng sein. Es gibt Spielraum – das Engadin, Mitteleuropa, Ägypten, Algerien – was immer Sie wollen!"

„Ich habe gehört, daß auch Tanger empfohlen wird."

„O ja, natürlich, es ist sehr trocken dort."

„Hast du das gehört, Ida? Sir William sagt, daß du nach Tanger gehen sollst."

„Oder wohin auch immer –„

„Nein, nein, Sir William! Wir finden es am sichersten, Ihre Anweisungen haargenau zu befolgen. Sie haben ‚Tanger' gesagt, und dann nehmen wir auch Tanger."

„Wirklich, Lady Clara, Ihr unbedingtes Vertrauen ist sehr schmeichelhaft für mich. Nicht jeder gibt seine eigenen Pläne und Neigungen so bereitwillig auf."

„Wir kennen Ihre Fähigkeiten und Ihre Erfahrung, Sir William. Ida soll es mit Tanger versuchen. Ich bin überzeugt, daß es ein Segen für sie sein wird."

„Ich habe keinen Zweifel daran."

„Aber Sie kennen Lord Charles. Er tendiert ein wenig dazu, medizinische Fragen ähnlich zu entscheiden wie politische Angelegenheiten. Ich hoffe, Sie werden ihm gegenüber energisch sein."

„Wenn Lord Charles mir schon die Ehre erweist, mich um Rat zu fragen, bin ich sicher, daß er mich nicht in die unangenehme Lage bringt, diesen meinen Rat zu mißachten."

Der Arzt und Baronet zwirbelte das Samtband seines Kneifers und hob protestierend die Hand.

„Nein, nein, aber Sie müssen auf Tanger bestehen."

„Da ich ganz bewußt entschieden habe, daß Tanger der beste Ort für unsere junge Patientin ist, glaube ich nicht, daß ich meine Überzeugung leichtfertig aufgeben werde."

„Natürlich nicht."

„Ich werde mit Lord Charles über die Sache reden, wenn ich oben bin."

„Bitte tun Sie das."

„Und währenddessen wird ihre jetzige Behandlung fortgesetzt. Ich hoffe, daß die warme Luft in Afrika ihr in ein paar Monaten all ihre Energie wiederherstellen wird."

Er machte die höfliche, schwungvolle, altmodische Verbeugung, die soviel dazu beigetragen hatte, daß er zehntausend im Jahr verdiente, und folgte dem Diener mit den leisen Trippelschritten eines Mannes, der sein Leben in Krankenzimmern verbringt.

Als die roten Samtvorhänge wieder zugezogen waren, schlang Lady Ida die Arme um den Hals ihrer Mutter und legte den Kopf an ihre Brust.

„Oh! Mama, du *bist* eine Diplomatin!“ rief sie.

Aber die Miene ihrer Mutter war eher die eines Generals, der den ersten Rauch des Kanonenfeuers sieht als die eines Siegers.

„Alles wird sich finden, Schatz“, sagte sie und schaute auf die hellblonden Locken und die kleinen Ohren hinunter. „Es gibt noch viel zu tun, aber ich glaube, wir dürfen es wagen, die Aussteuer zusammenzustellen.“

„Oh, ich weiß, wie mutig du bist!“

„Natürlich wird es auf jeden Fall eine bescheidene Angelegenheit. Arthur muß die Berufung bekommen. Eine Hochzeit sollte keine Nacht- und Nebelaktion sein, aber wenn der Mann ein Amt antritt, muß man einiges in Kauf nehmen. Wir können Lady Hilda Edgecombe und die Trevors und die Grevilles einladen, und ich bin sicher, daß der Premierminister auch kommen wird, wenn er die Zeit findet.“

„Und Papa?“

„O ja, er wird auch kommen, wenn er dazu imstande ist. Wir müssen warten, bis Sir William geht, und in der Zwischenzeit schicke ich eine Nachricht an Lord Arthur.“

Eine halbe Stunde war vergangen, und eine beträchtliche Anzahl von Nachrichten in Lady Claras schöner kühner Handschrift war fertig, als die Tür klappte und draußen die Räder der Kutsche des Arztes auf dem Kies knirschten Lady Clara legte die Feder beiseite, küßte ihre Tochter und ging ins Krankenzimmer. Der Außenminister saß zurückgelehnt in seinem Stuhl und hatte ein rotes Seidentaschentuch auf der Stirn und seinen geschwollenen, verbundenen Fuß war immer noch hochgelegt.

„Ich glaube, es ist fast Zeit für die Heilsalbe“, sagte Lady Clara und schüttelte eine blaue gebauchte Flasche. „Soll ich ein bißchen drauftun?“

„Oh! Dieser vermaledeite Zeh!“ stöhnte der Leidende. „Sir William will mir nicht erlauben, mich zu bewegen. Ich glaube wirklich, daß er der dickköpfigste Mensch ist, den ich je gesehen habe. Ich werde ihm sagen, daß er seinen Beruf verfehlt hat und ich ihm eine Stellung in Konstantinopel verschaffen kann. Wir brauchen ein störrisches Maultier da unten.“

„Armer Sir William!“ lachte Lady Clara. „Womit hat er Deinen Zorn erregt?“

„Er ist so hartnäckig – dogmatisch.“

„Bei welchem Thema?“

„Nun, er hat in Bezug auf Ida ein Machtwort gesprochen. Er hat anscheinend angeordnet, daß sie nach Tanger gehen wird.“

„Er hat etwas in dieser Art gesagt, bevor er zu Dir hinaufgegangen ist.“

„Oh, hat er das?“

Der undurchdringliche Blick richtete sich langsam auf sie. Lady Claras Gesicht zeigte einen Ausdruck vollkommener Unschuld, eine geradezu aufdringliche Offenheit, die man nur sieht, wenn eine Frau eine Täuschung im Schilde führt.

„Er hat ihre Lunge untersucht, Charles. Er hat nicht viel gesagt, aber seine Miene war sehr ernst.“

„Um nicht zu sagen eulenartig“, unterbrach der Minister.

„Nein, nein, Charles, es ist nicht zum Lachen. Er sagte, daß sie eine Luftveränderung braucht. Ich bin sicher, daß er nicht alles ausgesprochen hat, was er dachte. Er sprach von Mattigkeit und Rasseln in der Lunge und der Wirkung des afrikanischen Klimas.

Dann kam das Gespräch auf trockene und kühle Kurorte, und er sagte, daß Tanger der richtige Ort sei. Er sagte, daß selbst ein paar Monate Aufenthalt eine große Veränderung bewirken können."

„Und das war alles?"

„Ja, das war alles."

Lord Charles zuckte die Achseln und sah aus, als sei er nur halb überzeugt.

„Aber natürlich", sagte Lady Clara leichthin, „wenn Du der Meinung bist, daß Ida nicht gehen sollte, dann geht sie nicht. Nur – wenn es mit ihrer Gesundheit bergab geht, würden wir uns hinterher vielleicht etwas unbehaglich fühlen. Bei dieser Art von Schwäche kann eine kurze Zeit schon viel ausmachen. Sir William hält den Fall offensichtlich für kritisch, aber es gibt keinen Grund, warum er Dich beeinflussen sollte. Es ist allerdings eine ziemliche Verantwortung. Wenn Du die allein auf Dich nimmst und mich ganz davon befreist, damit hinterher –"

„Meine liebe Clara, was sind das für Unkenrufe!"

„Oh! Das habe ich nicht vor, Charles. Aber vergiß nicht, was mit Lord Bellamys Kind passiert ist. Sie war so alt wie Ida. Das war auch ein Fall, in dem Sir Williams Rat in den Wind geschlagen wurde."

Lord Charles stöhnte ungeduldig. „Ich habe ihn nicht in den Wind geschlagen!" sagte er.

„Nein, nein, natürlich nicht. Ich kenne Deinen klaren Verstand und Dein gutes Herz zu gut, mein Lieber. Du hast sehr vernünftig beide Seiten der Sache abgewogen. Das schaffen wir armen Frauen nicht. Gefühl versus Verstand, wie ich Dich oft habe sagen hören. Wir Frauen sind flatterhaft, aber ihr Männer seid beständig, und deshalb habt ihr ein Recht, uns zu beherrschen. Aber ich bin so froh, daß Du Dich für Tanger entschieden hast."

„Habe ich das?“

„Nun, mein Lieber, Du sagtest, daß Du Sir Williams Rat beherzigen würdest.“

„Nun, Clara, angenommen, daß Ida nach Tanger geht – Du wirst doch wohl zugeben, daß ich sie unmöglich begleiten kann?“

„Auf jeden Fall.“

„Und könntest Du sie begleiten?“

„Wenn Du krank bist, ist mein Platz bei Dir.“

„Was ist mit Deiner Schwester?“

„Sie geht nach Florida.“

„Dann Lady Dumbarton?“

„Sie pflegt ihren Vater. Es kommt nicht in Frage.“

„Also, wer bleibt da noch? Vor allem, sobald die Saison wieder beginnt. Das Schicksal durchkreuzt Sir Williams Pläne, wie Du siehst, Clara.“

Seine Frau stützte die Ellbogen auf die Rücklehne des großen roten Stuhls und fuhr mit den Fingern durch die grauen Locken des Staatsmanns, beugte sich hinunter und sagte ihm leise ins Ohr: „Da wäre noch Lord Arthur Sibthorpe.“

Lord Charles sprang von seinem Stuhl auf und murmelte ein oder zwei Worte, die man zu Lord Melbournes Zeit öfter von Kabinettsmitgliedern gehört hatte als gegenwärtig.

„Bist Du verrückt, Clara!“ rief er. „Wer hat Dir diesen Floh ins Ohr gesetzt?“

„Der Premierminister.“

„Wer? Der Premierminister?“

„Ja, Schatz. Nun sei friedlich! Oder vielleicht sollte ich nicht mehr mit Dir darüber reden.“

„Also, ich finde wirklich, daß Du zu weit gegangen bist, um einen Rückzieher zu machen.“

„Der Premierminister hat mir erzählt, daß Lord Arthur nach Tanger geht."

„Das stimmt, aber ich habe in dem Augenblick gar nicht mehr daran gedacht."

„Und dann kam Sir William mit seiner Empfehlung für Ida. O Charlie, das ist bestimmt mehr als nur Zufall!"

„Ich bin überzeugt", sagte Lord Charles mit seinem durchdringenden, forschenden Blick, „daß es kein reiner Zufall ist, Lady Clara. Sie sind eine sehr intelligente Frau, meine Liebe – ein geborenes Organisationstalent."

Lady Clara ging nicht auf das Kompliment ein.

„Denk an Deine eigene Jugend, Charlie", flüsterte sie. Ihre Finger spielten immer noch mit seinem Haar. „Was warst Du damals schon? Ein mittelloser Mann, nicht einmal Botschafter von Tanger. Aber ich habe Dich geliebt und an Dich geglaubt – und habe ich es je bereut? Ida liebt Lord Arthur und glaubt an ihn – wieso sollte sie das je bereuen?"

Lord Charles schwieg. Sein Blick war unverwandt auf die grünen Zweige gerichtet, die sich draußen vor dem Fenster im Wind wiegten, aber seine Gedanken eilten zurück zu einem Landhaus, das vor über dreißig Jahren in Devonshire gestanden hatte, und zu dem einen schicksalhaften Abend, an dem er mit einem zierlichen Mädchen zwischen alten Eibenhecken spazierengegangen war und ihr von all seinen Hoffnungen, Ängsten und Plänen erzählt hatte. Er nahm die schmale weiße Hand und drückte seine Lippen darauf.

„Du warst mir immer eine gute Ehefrau, Clara", sagte er.

Sie sagte nichts. Sie versuchte nicht, die Situation zu ihrem Vorteil auszunutzen. Ein weniger fähiger General hätte es versucht – und alles verdorben. Sie stand still und gefügig da und las seine Gedanken, die sich in seinen Augen und um den Mund widerspiegelten. Erstere funkelten, und um letzteren zuckte es belustigt, als er schließlich zu ihr aufblickte.

„Clara“, sagte er. „Leg ein umfassendes Geständnis ab! Du hast die Aussteuer zusammengestellt?“

Sie zupfte ihn sachte am Ohr. „Nur, wenn du einverstanden bist“, sagte sie.

„Du hast an den Erzbischof geschrieben.“

„Der Brief ist noch nicht abgeschickt.“

„Du hast eine Nachricht an Lord Arthur geschickt.“

„Woher weißt du das?“

„Er ist gerade unten.“

„Nein, aber ich glaube, es ist seine Kutsche.“

Lord Charles ließ sich mit einem Ausdruck komischer Verzweiflung zurücksinken. „Wer soll es mit so einer Frau aufnehmen?“ rief er.

„Oh! Wenn ich Dich doch zu Novikoff entsenden könnte! Keiner von meinen Leuten wird mit dem fertig! Aber Clara, ich will die beiden nicht hier oben sehen.“

„Du willst ihnen nicht Deinen Segen geben?“

„Nein, nein!“

„Es würde sie so glücklich machen!“

„Ich mag keine rührseligen Szenen.“

„Dann werde ich es ihnen ausrichten.“

„Und bitte sprich nicht mehr darüber – heute jedenfalls. Ich habe mich in dieser Sache wie ein Schwächling benommen.“

„Oh! Charlie, Du bist so stark!“

„Du hast mich überlistet, Clara – und zwar sehr geschickt. Ich muß dir gratulieren.“

„Nun“, murmelte sie und küßte ihn, „ich habe nicht umsonst dreißig Jahre einen raffinierten Diplomaten studiert.“

Mediziner unter sich

Mediziner sind im allgemeinen viel zu beschäftigt, um von einzelnen Vorfällen oder dramatischen Ereignissen Notiz zu nehmen. Daher handelt es sich bei dem besten Chronisten ihrer Erlebnisse, den unsere Literatur kennt, auch um einen Anwalt. Das Leben an den Betten von Sterbenden – oder Gebärenden, was wesentlich anstrengender ist – zu verbringen, trübt das Augenmaß, so wie andauernder Alkoholkonsum die Geschmacksnerven abstumpfen läßt.

Überreizte Nerven reagieren irgendwann nicht mehr. Fragt man einen Chirurgen nach seinen eindrucksvollsten Erfahrungen, antwortete er wahrscheinlich, daß es nur wenig Bemerkenswertes gab – oder er verliert sich in technischen Details.

Aber überraschen Sie ihn mal eines Nachts, wenn das Feuer im Kamin flackert, seine Pfeife qualmt und er in Gesellschaft einiger Kollegen ist, mit einer geschickten Frage oder Andeutung – dann taut er auf. Dann erntet man ein paar ganz frische Früchte vom Baum des Lebens. Das ist nach einem der vierteljährlichen Abendessen des Midland-Abteilung der *British Medical Association* der Fall. Zwanzig Kaffeetassen, ein Dutzend Likörgläser und dichte blaue Rauchschwaden, die oben an der vergoldeten Decke wabern, zeugen von einer erfolgreichen Versammlung. Aber die Teilnehmer sind schon nach Hause gegangen. Die Reihe von schweren Mänteln mit ausgebeulten Taschen und den Hüten, in denen Stethoskope steckten, ist aus dem Korridor des Hotels verschwunden. Aber vor dem Kaminfeuer in der Halle sitzen immer noch drei Mediziner, die rauchen und diskutieren, während ein vierter, der ein blutiger Laie und noch dazu jung ist, hinten am Tisch sitzt. Er hat ein Heft aufgeschlagen und kritzelt eifrig mit seinem Füllfederhalter, stellt ab und zu in unschuldigem Ton eine Frage und bringt so das Gespräch wieder in Gang, wenn es ins Stocken gerät. Die drei Männer sind alle im gesetzten mittleren Alter, das in diesem Beruf früh einsetzt und lange dauert. Keiner von ihnen ist berühmt, aber alle haben einen guten Ruf, und jeder ist ein respektabler Vertreter seiner Fachrichtung. Der kugelrunde Mann mit dem autoritären Auftreten und dem weißen Vitriol-Spritzer auf der Wange ist Charley Manson, Leiter des *Wormley Asylum* und der Autor der brillianten Monographie *Obscure Nervous Lesions in the Unmarried.* Er trägt immer einen hohen Kragen, seit ein Student in einem Anfall von religiösem Wahn versucht hatte, ihm mit einer Glasscherbe die Kehle durchzuschneiden. Der zweite mit der gesunden Gesichtsfarbe und den fröhlichen braunen Augen ist Allgemeinmediziner mit reichlich Erfahrung, der mit der Unterstützung seiner drei Assistenten und seiner fünf Pferde zweieinhalbtausend im Jahr durch Besuche für eine halbe Krone und Konsultationen für ein paar Shillinge im ärmsten Viertel einer großen Stadt verdient. Das vergnügte Gesicht von Theodore Foster taucht jeden Tag an hundert Krankenbetten auf, und wenn ein Drittel mehr Namen als Einzahlungen in seinem Kassenbuch stehen, tröstet er sich damit, daß er eines Tages alles zurückbekommen wird, wenn ein Millionär mit einer chronischen Krankheit – die ideale Kombination – seinen ärztlichen Beistand braucht. Der dritte, der auf der rechten Seite sitzt und seine Füße in den blankpolierten Schuhen auf dem Kamingitter plaziert hat, ist Hargrave, der Chirurg auf dem Weg nach oben. Sein Gesicht hat nichts von Theodore Fosters ausgeprägter Menschlichkeit – sein Blick ist streng und kritisch, der Mund hart und verkniffen, verrät aber in jeder Linie Kraft und Entschlossenheit, und ein Patient muß schon all seinen Mut zusammennehmen, wenn es ihm so schlechtgeht, daß er bei Hargrave landet. Er bezeichnet sich bescheiden als einfachen Wald- und Wiesendoktor, aber im Grunde ist er nur zu jung und zu arm, um sich auf ein Spezialgebiet zu beschränken, dabei gibt es keinen chirurgischen Eingriff, den Hargrave nicht durchführen könnte oder den er sich nicht zutrauen würde.

„Vorher, nachher und währenddessen“, murmelt der Allgemeinmediziner als Antwort auf eine Zwischenbemerkung des Außenstehenden. „Ich versichere Ihnen, Manson, man bekommt alle möglichen Formen des Wahnsinns zu sehen!“

„Ah, Kindbettfieber!“ wirft der andere ein und klopft die graue Asche von seiner Zigarre.

„Aber Sie haben an einen bestimmten Fall gedacht, Foster.“

„Nun ja, ich hatte erst letzte Woche etwas, das mir neu war. Ein Ehepaar namens Silcoe hatte mich zu sich gerufen. Als bei ihr die Wehen einsetzten, ging ich selbst hin, denn von einem Assistenten wollten sie nichts wissen. Der Ehemann – ein Polizist – saß am Kopfende des Bettes. ‚Das geht nicht‘, sagte ich. ‚O doch, Doktor, es muß gehen‘, sagte sie. ‚Das ist völlig unüblich – er muß das Zimmer verlassen‘, sagte ich. ‚Entweder so oder gar nicht!‘ sagte sie. ‚Ich werde die ganze Nacht keinen Ton von mir geben und keinen Finger rühren‘, versprach er.

Also endete es damit, daß ich ihm erlaubte, zu bleiben, und er saß acht Stunden da. Sie war sehr tapfer, aber ab und zu entfuhr *ihm* ein dumpfes Stöhnen, und mir fiel auf, daß seine rechte Hand die ganze Zeit unter dem Bettlaken verborgen war – sie hielt seine Hand krampfhaft umklammert, daran hatte ich keinen Zweifel. Als alles glücklich überstanden war, sah ich ihn an – sein Gesicht war aschfahl und sein Kopf war auf den Zipfel des Kissens gesunken. Natürlich dachte ich, er sei vor Aufregung ohnmächtig geworden, und machte mir gerade Vorwürfe, weil ich so dumm gewesen war, ihn dabeisein zu lassen, als ich plötzlich sah, daß das Laken über seiner Hand blutgetränkt war. Ich zog das Laken weg, und sah, daß sich eine Handschelle tief in das Gelenk des Mannes eingeschnitten hatte. Die Frau hatte ihn mit Handschellen an sich gefesselt. Während der Wehen hatte sie sich heftig hin und her geworfen, und das Eisen hatte in das Fleisch des Mannes geschnitten. ‚Ja, Doktor', sagte sie, als sie sah, daß ich es bemerkt hatte. ‚Er muß die Mühe mit mir teilen! Warum sollte es ihm besser gehen als mir?'"

„Finden Sie Ihr Fachgebiet nicht strapaziös?" fragt nach Foster nach einer Pause.

„Mein Lieber, es war gerade die Angst davor, die mich zur Arbeit mit Wahnsinnigen getrieben hat."

„Ja, und Angst hat Menschen ins Irrenhaus gebracht, die nie den Weg zum Arzt gefunden haben. Ich war als Student sehr schüchtern und weiß, was das bedeutet."

Das ist kein Vergnügen für einen Allgemeinmediziner", sagt der Psychiater.

„Tja, die Leute reden darüber, als sei es komisch, aber ich sage Ihnen, es ist viel eher tragisch. Stellen Sie sich einen armen, unbeholfenen jungen Mann vor, der gerade in einer fremden Stadt seine Praxis eröffnet hat.

Für ihn war es vielleicht schon immer eine Qual, mit einer Frau über Tennis und Gottesdienste zu reden. Wenn ein junger Mann schüchtern *ist*, dann ist er schüchterner als jedes Mädchen. Und dann kommt eine besorgte Mutter und breitet die privatesten Familienangelegenheiten vor ihm aus. ‚Ich gehe nie wieder zu diesem Arzt', sagt sie hinterher. ‚Er ist so kalt und gefühllos.' Gefühllos! Von wegen, der arme Kerl war nur wie gelähmt. Ich habe Allgemeinmediziner gekannt, die so schüchtern waren, daß sie sich nicht getraut haben, nach dem Weg zu fragen. Stellen Sie sich vor, was so sensible Männer durchmachen, bis sie sich eingearbeitet haben! Und dann haben sie begriffen, daß nichts ansteckender ist als Schüchternheit und daß sie ein versteinertes Gesicht machen müssen, um die Patienten nicht zu verunsichern. Also behalten sie ihre versteinerte Miene bei und erwerben vielleicht den Ruf, auch ein ebensolches Herz zu haben. Ich nehme an, *Sie* sind durch nichts zu erschüttern, Manson."

„Nun, wenn man jahraus, jahrein unter tausend Wahnsinnigen lebt, von denen ein Großteil Mord und Totschlag auf dem Kerbholz hat, ist man nervlich entweder abgehärtet oder völlig am Ende. Ich bin bisher ganz gut beieinander."

„Einmal hatte ich wirklich Angst", sagte der Chirurg. „Es war, als ich Medikamente verteilen mußte. Eines Nachts wurde ich zu sehr armen Leuten gerufen und habe nur aus ihnen herausbekommen, daß ihr Kind krank war. Als ich das Zimmer betrat, sah ich eine kleine Wiege in der Ecke. Ich hob die Lampe, ging hin, öffnete die Vorhänge und schaute auf das Baby hinunter. Ich sage Ihnen, es war eine glückliche Fügung, daß ich nicht die Lampe fallengelassen und das ganze Haus angezündet habe. Das Kind wandte den Kopf, und ich sah in ein Gesicht so voller Bosheit, daß es aus einem Alptraum zu stammen schien. Die Wangen waren krebsrot und der trübe Blick voller Haß auf mich gerichtet, und das erschütterte mich ebenso wie alles andere. Ich vergesse nie, was es für ein Schock war, statt eines pausbäckigen Kindergesichts dieses Geschöpf vorzufinden. Ich führte die Mutter nach nebenan.

‚Was ist das?' fragte ich. ‚Ein Mädchen von sechzehn Jahren!' sagte sie und warf die Arme in die Luft. ‚Wenn Gott sie nur zu sich rufen wollte!' Das arme Ding hatte – obwohl es sein Leben in dieser kleinen Wiege verbracht hatte – lange, dünne Gliedmaßen, die es hinter dem Rücken verschränkt hatte. Ich habe den Fall aus den Augen verloren und weiß nicht, was daraus geworden ist, aber ich werde nie ihren Blick vergessen."

„Das ist schaurig", sagt Dr. Foster. „Aber ich glaube, eins meiner Erlebnisse kann es damit aufnehmen. Kurz nachdem ich meine Praxis eröffnet hatte, erschien eine kleine bucklige Frau bei mir und wollte, daß ich mitkam, um nach ihrer kranken Schwester zu sehen. Als ich das Haus betrat – es war ein sehr ärmliches – , fand ich zwei andere bucklige Frauen vor, die beide der ersten aufs Haar glichen. Keine von ihnen sagte ein Wort, aber meine Begleiterin nahm die Lampe und ging die Treppe hinauf, gefolgt von ihren beiden Schwestern und mir als Schlußlicht. Ich sehe die drei verzerrten Schatten, die das Licht an die Wand warf, ebenso deutlich vor mir wie diesen Tabakbeutel. Oben im Zimmer befand sich die vierte Schwester, ein wunderschönes Mädchen, das offensichtlich ärztliche Hilfe brauchte. Sie trug keinen Ehering. Die drei deformierten Schwestern saßen wie zu Salzsäulen erstarrt im Zimmer, und die ganze Nacht über machte keine von ihnen den Mund auf. Ich erzähle keine Geschichten, Hargrave, es ist alles die lautere Wahrheit. Am frühen Morgen brach ein fürchterliches Unwetter los, eines der heftigsten, die ich je erlebt habe. Die kleine Hütte war hell erleuchtet vom bläulichen Licht der Blitze, der Donner polterte, und der Sturm rüttelte an den Dachziegeln. Ich hatte nur eine armselige Funzel, und es war gruselig, die drei krummen Gestalten an der Wand kauern zu sehen und zu hören, wie die Stimme meiner Patientin im Donnergepolter unterging. Beim Jupiter! Ich gebe gern zu, daß ich einmal fast aus dem Zimmer geflohen wäre. Alles ging gut aus, aber ich habe nie die wahre Geschichte der unglücklichen Schönheit und ihrer drei verkrüppelten Schwestern erfahren."

„Das ist das schlimmste an Arztgeschichten", seufzt der Außenstehende. „Man erfährt nie, wie sie ausgehen."

„Wenn ein Mann bis zum Hals in Arbeit steckt, mein Junge, hat er keine Zeit, seine persönliche Neugier zu befriedigen. Er wird von den Dingen überrollt und bekommt nur Bruchstücke mit, an die er sich bestenfalls in einer ruhigen Minute wie dieser vielleicht einmal erinnert. Aber ich hatte immer das Gefühl, Manson, daß Ihre Tätigkeit genausoviel Schreckliches bereithält wie jede andere."

„Noch mehr", stöhnt der Psychiater. „Körperliche Krankheiten sind schlimm genug. Ist es nicht schockierend – genug, um einen vernünftigen Menschen zum absoluten Materialisten zu machen – , sich vorzustellen, daß eine kleine vaskuläre Veränderung – sagen wir mal, ein winziger Knochensplitter, der vom Schädel ins Gehirn eindringt – ausreichen kann, um aus einem intelligenten, anständigen Mann mit dem besten Charakter ein heruntergekommenes, erbärmliches Geschöpf mit den niedrigsten Gelüsten zu machen? Was für eine Verhöhnung der Menschenwürde eine Irrenanstalt doch ist – und ebenso eine Verhöhnung der Unsterblichkeit der Seele."

„Glaube und Hoffnung", murmelt der Allgemeinmediziner.

„Ich habe keinen Glauben, wenig Hoffnung, und soviel Nächstenliebe, wie ich mir leisten kann", sagt der Chirurg. „Wenn die Theologie und die Tatsachen des Lebens einander in die Quere kommen, bete ich das herunter."

„Sie sprachen über Ihre Fälle", sagt der Außenstehende und taucht seinen Federhalter in die Tinte.

„Nun, nehmen wir ein häufiges Leiden, dem jedes Jahr viele Tausend Menschen zum Opfer fallen – zum Beispiel G. P."

„Was ist G. P.?"

„Gräßlicher Pfuscher", schlug der Chirurg vor und grinste.

„Die britische Öffentlichkeit muß wissen, was G. P. ist", sagt der Psychiater ernst. „Es schreitet rasant fort, und ist absolut unheilbar. *General paralysis*[17] ist der volle Name, und ich sage Ihnen, es ist ein Kreuz. Letzte Woche Montag habe ich einen ganz typischen Fall zu Gesicht bekommen. Ein junger Bauer, ein feiner Kerl, überraschte seine Umgebung damit, daß er alles durch eine rosa Brille betrachtete, während alle anderen Landbewohner murrten. Er wollte Weizen und Ackerland aufgeben, weil es sich nicht lohne, zweitausend Acre Rhododendron anpflanzen und der Hauptlieferant für Covent Garden werden – er hatte Pläne ohne Ende, alle mehr oder weniger vernünftig, nur ein bißchen übertrie-

17 Spätstadium der Syphilis

ben. Ich war auf dem Hof, nicht, um ihn zu untersuchen, sondern wegen etwas ganz anderem. Mir fiel etwas an dem Gang des jungen Mannes auf, und ich musterte ihn eingehend. Sein Mund zuckte, und seine Sprache war undeutlich, ebenso wie seine Handschrift, als er einen unbedeutenden Vertrag unterschrieb. Als ich ihm in die Augen sah, erkannte ich, daß eine Pupille etwas größer war als die andere. Als ich das Haus verließ, kam seine Frau mir nach. ‚Ist es nicht wunderbar, Job so gesund zu sehen, Doktor', sagte sie, ‚er kann vor Energie kaum stillsitzen!' Ich sagte nichts, weil ich es nicht übers Herz brachte, aber ich wußte, daß der Mann ebenso zum Tode verurteilt war wie jemand, der in einer Zelle in Newgate sitzt. Es war ein typischer Fall von beginnender G. P."

„Du lieber Himmel!" ruft der Außenstehende. „Meine Lippen zittern auch! Ich spreche oft undeutlich. Ich glaube, ich habe es selbst!"

Drei vergnügte Gluckser sind die Antwort. „Das ist das Gefährliche von einem bißchen medizinischen Wissen für einen Laien."

„Eine große Autorität hat gesagt, daß jeder Student im ersten Jahr vier Krankheiten hat und still vor sich hin leidet", bemerkt der Chirurg. „Eine ist natürlich eine Herzkrankheit, eine weitere ist der Krebs der Ohrspeicheldrüse. Die beiden anderen fallen mir gerade nicht ein."

„Wo tritt die Parotis ein.?"

„Ach, da, wo der letzte Weisheitszahn herauskommt."

„Und wie würde das Ende des jungen Bauern aussehen?" fragt der Laie.

„Lähmung aller Muskeln, zuletzt Krämpfe, Koma und der Tod. Es kann ein paar Monate dauern – oder ein bis zwei Jahre. Er war ein sehr kräftiger junger Mann und wird nicht so leicht sterben."

„Übrigens", sagt der Psychiater, „habe ich Ihnen jemals von dem ersten Gutachten erzählt, das ich unterschrieben habe? Es wäre fast mein Ruin gewesen!"

„Um was ging es denn?"

„Ich war damals praktisch tätig. Eines Morgens kam eine Mrs. Cooper zu mir und berichtete, daß bei ihrem Mann in letzter Zeit Anzeichen von Wahnsinn aufgetreten seien. Er bildete sich ein, er sei in der Armee gewesen und habe sich dort besonders hervorgetan – dabei war er in Wirklichkeit Anwalt und hatte England noch nie verlassen. Mrs. Cooper war der Meinung, daß er sich aufregen würde, wenn ich erschiene, und so einigten wir uns darauf, daß sie ihn am Abend unter irgendeinem Vorwand in meine Praxis schicken würde. Das würde mir die Gelegenheit geben, mit ihm zu reden und, falls ich von seiner Verrücktheit überzeugt sein sollte, das entsprechende Attest zu unterschreiben. Ein anderer Arzt hatte schon unterschrieben, und es war nur meine Zustimmung nötig, um ihn einzuweisen. Nun ja, am Abend erschien Mr. Cooper eine halbe Stunde, bevor ich ihn erwartet hatte, und konsultierte mich wegen Malaria-Symptomen, an denen er angeblich litt. Nach seinen eigenen Worten war er gerade vom Abessinien-Feldzug zurückgekehrt – er war dabei gewesen, als die ersten britischen Truppen nach Magdala vordrangen. Der Wahnsinn hätte nicht ausgeprägter sein können, denn er sprach von kaum etwas anderem, und so füllte ich die Papiere aus, ohne eine Sekunde zu zögern. Als er gegangen war und seine Frau kam, stellte ich ihr noch ein paar Fragen, um das Formular fertig ausfüllen zu können. ‚Wie alt ist er?' fragte ich. ‚Fünfzig!' sagte sie. ‚Fünfzig!' rief ich. ‚Aber der Mann, den ich untersucht habe, kann nicht älter als dreißig sein!' Und da stellte sich heraus, daß der richtige Mr. Cooper gar nicht zu mir gekommen war, sondern daß es durch einen jener unglaublichen Zufälle ein anderer Cooper gewesen war, der wirklich ein hochdekorierter junger Offizier der Artillerie war und mich konsultiert hatte. Ich hatte schon die Feder in die Tinte getaucht, um seine Einweisungspapiere zu unterschreiben, als ich es entdeckte!" sagt Dr. Manson und wischt sich die Stirn ab.

„Wir sprachen gerade über Mut", bemerkt der Chirurg."Nach meinem Examen habe ich eine Zeitlang in der Marine gedient, wie Sie wahrscheinlich wissen. Ich war auf dem Flaggschiff an der West African Station und erinnere mich an ein einzigartiges Beispiel von Mut, dessen Zeuge ich damals wurde. Eines unserer kleinen bewaffneten Boote war den Fluß Calabar hinaufgefahren, und während der Fahrt war der Chirurg am Küstenfieber gestorben. Am gleichen Tag hatte sich ein Mann das Bein gebrochen, weil ein Mast auf ihn gestürzt war. Es war klar, daß das Bein über dem Knie amputiert werden mußte, um das Leben des Mannes zu retten. Der junge Leutnant, der das Kommando über das Boot hatte, durchsuchte die Sachen des toten Arztes und fand etwas Chloroform, ein Klappmesser und eine Ausgabe von *Grey's Anatomy.* Er hatte den Mann beim Steward auf den Tisch gelegt und begann – mit der Abbildung des Querschnitts eines Schenkels vor sich –, das Bein zu amputieren. Ab und zu sagte er – und bezog sich dabei auf das Diagramm – : ‚Halt die Verbände griffbereit, Steward. Auf dem Bild hier ist auch Blut zu sehen.' Dann schnitt er mit seinem Messer weiter, bis er die Arterie durchtrennt hatte, und er und sein Assistent machten einen festen Verband, bevor sie die Arbeit fortsetzten. Auf diese Art nahmen sie Stück für Stück das Bein ab, und bei meinem Wort, es gelang ihnen hervorragend. Der Mann hüpft heute auf dem Portsmouth Hard herum. – Es ist wirklich nicht witzig, wenn der Arzt auf einem solchen Kriegsboot selbst krank wird", fährt der Chirurg nach einer Pause fort. „Man könnte annehmen, es sei ein leichtes für ihn, den anderen zu sagen, was zu tun ist, aber dieses Fieber wirft einen völlig aus der Bahn, und man ist zu schwach, auch nur einen Moskito von seiner Wange zu verscheuchen. Ich hatte auf Lagos eine leichte Form des Fiebers und weiß, wovon ich rede. Aber ein Freund von mir hatte wirklich ein verrücktes Erlebnis. Die ganze Besatzung hatte ihn schon aufgegeben, und da sie an Bord nie eine Trauerfeier abgehalten hatten, begannen sie, den formalen Ablauf zu proben, um vorbereitet zu sein. Sie glaubten, er sei bewußtlos, aber er beteuert, daß er jedes Wort hören konnte. ‚Leiche im Anmarsch auf die Ladeluke!' rief der Sergeant der Marine in seinem Cockney-Dialekt. „Präsentiert das Gewehr[18]!"' Er war so belustigt und empört zugleich, daß er einfach entschied, daß man ihn nicht durch die Ladeluke tragen sollte, und das geschah auch nicht."

„In der Medizin braucht man keine erfundenen Geschichten", bemerkt Foster, „die Tatsachen stellen alles in den Schatten, was man sich ausdenken kann. Aber ich habe manchmal das Gefühl, daß die Darstellung der Medizin in der Belletristik Stoff für einen interessanten Zeitungsartikel liefern würde."

„Wie?"

„Nun ja, die Frage ist, woran die Leute in Romanen sterben und welche Krankheiten in der Literatur am

18 Statt „Present arms" (präsentiert das Gewehr) ruft der Marinesergant im Cockney-Dialekt „Present harms" (präsentiert die Leiden).

häufigsten vorkommen. Einige sind schon völlig abgedroschen, aber andere, die im wirklichen Leben genauso häufig vorkommen, werden nie erwähnt. Typhus ist sehr beliebt, aber Scharlach taucht nie auf. Herzkrankheiten sind alltäglich, aber wie wir wissen, sind Herzkrankheiten meistens die Folge einer Vorerkrankung, über die in Kitschromanen nie ein Wort verloren wird. Dann gibt es noch das geheimnisvolle Leiden Nervenfieber, das die Heldin immer nach einer Krise befällt, das aber unter diesem Namen nicht in medizinischen Lehrbüchern zu finden ist. Wenn Romanfiguren sehr aufgeregt sind, bekommen sie einen hysterischen Anfall, aber trotz meiner langjährigen Erfahrung habe ich so etwas in der Realität nie erlebt. Die kleinen Beschwerden existieren überhaupt nicht. Im Roman bekommt niemand Röteln oder Mumps. Außerdem betreffen alle Krankheiten nur den Oberkörper – Schriftsteller gehen nie unter die Gürtellinie."

„Ich versichere Ihnen, Foster", sagt der Psychiater, „das Leben hat Seiten, die zu medizinisch für die breite Öffentlichkeit und zu romantisch für Fachzeitschriften sind, die aber das Allermenschlichste zu bieten haben, womit man sich befassen kann. Es sind keine angenehmen Seiten, fürchte ich, aber wenn die Vorsehung sie geschaffen hat, müssen wir sie hinnehmen und versuchen, sie zu verstehen. Wenn die Öffentlichkeit sich dafür interessieren würde, müßte sie sich mit seltsamen Ausbrüchen von Gewalt und Lasterhaftigkeit bei den eigentlich besten Männern befassen – mit merkwürdigen kurzfristigen Schwächen bei den liebenswertesten Frauen, die nur ein oder zwei Leute verstehen und die dem Rest der Welt unbegreiflich bleiben. Die Öffentlichkeit müßte sich dann auch mit dem einzigartigen

Phänomen der Blüte und des Verwelkens der Männlichkeit auseinandersetzen. Es würde ein neues Licht auf jene Handlungen werfen, die viele glanzvolle Karrieren zerstört und einen Mann ins Gefängnis gebracht haben, wenn er ins Krankenhaus gehört hätte. Von allen Geißeln der Menschheit möge Gott uns vor allem vor dieser bewahren!“

„Ich hatte vor kurzem einen Fall, der ungewöhnlich war“, sagte der Chirurg. „In der Londoner Gesellschaft gibt es eine berühmte Schönheit – ich nenne keine Namen –, die während einiger Saisons für ihr tiefes Dekolletés bekannt war. Sie hatte die weißeste Haut und die schönsten Schultern, die man sich vorstellen kann, es war also kein Wunder. Nach und nach aber wurden ihre Spitzenkragen immer höher, bis sie letztes Jahr alle damit überraschte, daß sie einen hohen Kragen trug, als dieser völlig aus der Mode war. Nun ja, eines Tages wurde genau diese Frau zu meiner Praxis gebracht. Als der Dienstbote gegangen war, riß sie plötzlich das Oberteil ihres Kleides auf. ‚Um Gottes willen, helfen Sie mir!‘ rief sie. Ich sah, was los war. Ein nagendes Geschwür schlängelte sich ihren Hals hinauf. Der rote Streifen verlor sich irgendwo unter ihrer Brust. Jahr für Jahr war es gewachsen, und sie hatte immer hochgeschlossenere Kleider getragen, um es zu verbergen, bis es kurz davor war, auf ihr Gesicht überzugreifen. Sie war zu stolz gewesen, selbst mit einem Arzt darüber zu reden.“

„Und haben Sie sie geheilt?“

„Nun ja, ich habe mit Zinkchlorid getan, was ich konnte. Aber es kann wieder ausbrechen. Sie war eines dieser schönen Geschöpfe mit heller rosiger Haut, die durch so ein Geschwür völlig entstellt werden. Man kann es in Schach halten, aber nicht heilen.“

„O je! O je! O je!“ jammert der Allgemeinmediziner. Sein Blick nahm jenen einschmeichelnden Ausdruck an, der ihm schon viele Tausende eingebracht hatte. „Ich denke, wir dürfen uns nicht klüger vorkommen als die Vorsehung, aber es gibt Momente, in denen man spürt, daß die Dinge nicht so sind, wie sie sein wollten. Ich habe im Leben viel Trauriges gesehen. Habe ich schon erzählt, wie die Natur ein Paar getrennt hat, das sich sehr liebte? Er war ein netter junger Mann, Sportler und Gentleman, aber er hat seinen sportlichen Ehrgeiz zu weit getrieben. Sie wissen, daß unser Körper eine Selbstkontrolle hat, die uns ermahnt, wenn wir auf Abwege geraten – zum Beispiel durch ein Zwicken im großen Zeh, wenn wir zuviel trinken und zu wenig arbeiten. Oder es kann ein Ziehen in den Nerven sein, wenn wir unsere Kräfte verschwenden. Bei dem Sportler waren es natürlich das Herz und die Lunge. Er hatte eine schlimme TBC und wurde nach Davos geschickt. Wie es das Schicksal wollte, bekam sie rheumatisches Fieber, das ihr Herz erheblich angriff. Erkennen Sie das Dilemma, in dem sich diese armen Leute befanden? Wenn er sich in einer Höhe unter viertausend Fuß befand, wurden die Symptome furchtbar. Sie konnte eine Höhe von bis zu zweitausendfünfhundert Fuß vertragen, und dann stieß ihr Herz an seine Grenzen. Sie begegneten sich mehrmals auf halbem Weg im Tal, und es brachte sie fast um, und am Ende verboten es ihnen die Ärzte. Und so lebten sie vier Jahre drei Meilen voneinander entfernt, ohne sich jemals zu treffen. Jeden Morgen ging er zu einer Stelle, von der das Chalet sehen konnte, in dem sie wohnte, und winkte mit einem großen weißen Tuch, und sie antwortete von unten. Sie konnten einander durch ihre Ferngläser gut sehen, aber wenn es um die Möglichkeit ging, sich zu begegnen, hätten sie ebensogut auf verschiedenen Planeten leben können."

„Und einer starb zuletzt", sagt der Außenstehende.

„Nein, Sir. Ich bedaure, daß die Geschichte nicht rund ist, aber der Mann ist wieder gesund geworden und ist jetzt ein erfolgreicher Geschäftsmann in Drapers Gardens. Die Frau ist die Mutter einer großen Familie. Aber was machen Sie eigentlich hier?"

„Ich mache mir nur ein paar Notizen über Ihre Gespräche."

Die drei Ärzte lachen, während sie zur Garderobe gingen, an der ihre Mäntel hängen.

„Ach, wir haben doch nur Anekdoten erzählt", sagt der Allgemeinmediziner. „Was für ein Interesse soll die Öffentlichkeit daran haben?"

Die Ärzte von Hoyland

Dr. James Ripley galt bei allen, die ihn kannten, als ausgesprochener Glückspilz. Sein Vater war sein Vorgänger im Dorf Hoyland im Norden von Hampshire gewesen, und alles war für ihn bereit, als er endlich das Recht erworben hatte, zu praktizieren. Nach ein paar Jahren setzte sich der alte Herr zur Ruhe, ließ sich an der Südküste nieder, und sein Sohn hatte den ganzen Landstrich für sich. Bis auf Dr. Horton in der Nähe von Basingstoke hatte der junge Arzt in einem Umkreis von sechs Meilen freie Bahn und verdiente tausendfünfhundert Pfund im Jahr, obwohl die Kosten für den Pferdestall, wie üblich in einer Praxis auf dem Lande, das meiste von dem wieder verschlangen, was seine Arbeit ihm einbrachte.

Dr. James Ripley war zweiunddreißig Jahre alt, zurückhaltend, gebildet und ledig. Er hatte ziemlich strenge Gesichtszüge und dunkles Haar, das sich am Hinterkopf lichtete, was ihn ungefähr einhundert im Jahr kostete. Er hatte eine besonders glückliche Hand für Damen. Er traf immer den richtigen Ton – eine Mischung aus Strenge und Schmeichelei, und so konnte er dominieren, ohne zu beleidigen. Die Damen ihrerseits konnten nicht so gut mit ihm umgehen wie er mit ihnen. Bei seiner Arbeit tat er alles für sie, aber privat war er ein hoffnungsloser Fall. Vergeblich warfen die potentiellen Schwiegermütter vom Land ihm ihre einfallslosen Köder zu. Bälle und Picknicks waren nicht nach seinem Geschmack, er verbrachte seine knapp bemessene Freizeit lieber damit, sich in seinem Arbeitszimmer zu verbarrikadieren und sich in *Virchow's Archives* und Fachzeitschriften zu vertiefen.

Sich weiterzubilden, war für ihn eine Leidenschaft, und er wollte nicht einrosten wie soviele andere Landärzte. Es war sein größter Ehrgeiz, daß sein Wissen so frisch blieb wie an dem Tag, an dem er das Examen bestanden hatte. Er rühmte sich, daß er in der Lage war, zu jeder Tages- und Nachtzeit die diversen Verästlungen jeder unbedeutenden Arterie aufzuzählen oder die genaue Zusammensetzung jeder physiologischen Lösung anzugeben. Nach einem langen arbeitsreichen Tag verbrachte er noch die halbe Nacht mit Iridektomien an Schafsaugen, die er vom Schlachter des Dorfes bekam – zum Entsetzen seiner Haushälterin, die am nächsten Morgen die Überreste beseitigen mußte. Die Liebe zu seiner Arbeit war der einzige Fanatismus, der in seinem trockenen, peniblen Charakter Platz hatte. Daß er sein Wissen auf dem neuesten Stand hielt, sprach umso mehr für ihn, als er keinen Konkurrenten hatte. In den sieben Jahren, die er in Hoyland tätig war, waren drei Rivalen gegen ihn angetreten, zwei im Dorf und einer im benachbarten Nest Lower Hoyland. Einer von ihnen war krank geworden und nach anderthalb Jahren gestorben, nachdem er – wie die Leute sagten – selbst sein einziger Patient gewesen war. Der zweite hatte ein Viertel einer Praxis in Basingstoke gekauft und einen ehrenvollen Rückzug angetreten, und der dritte war eines Nachts im September verschwunden und hatte eine Bruchbude von Haus und unbezahlte Medikamenten-Rechnungen hinterlassen. Danach war der Distrikt Dr. Ripleys Monopol geworden, und keiner hatte es gewagt, gegen den berühmten Arzt von Hoyland anzutreten. Deshalb war er sehr überrascht und nicht zuletzt neugierig, als er eines Morgens durch Lower Hoyland fuhr und feststellte, daß das neue Haus am Rand des Dorfes bewohnt war und ein blankes Messingschild an der Gartenpforte glänzte. Er hielt seine wertvolle Fuchsstute an und betrachtete das Schild eingehend.

„Dr. med. Verrinder Smith" stand in zierlichen kleinen Druckbuchstaben darauf. Der letzte Arzt hatte einen riesigen Schriftzug und eine rote Lampe wie eine Feuersbrunst gehabt. Dr. James Ripley bemerkte den Unterschied und schloß daraus, daß der Neuankömmling sich vielleicht als ernstzunehmender Gegner erweisen könnte. Und nach einem Blick in das aktuelle Mediziner-Verzeichnis war er ganz sicher, denn daraus ging hervor, daß Dr. Verrinder Smith hervorragende Abschlüsse erworben hatte, daß er mit Erfolg in Edinburgh, Paris, Berlin und Wien studiert hatte und daß ihm schließlich eine Goldmedaille verliehen worden war – und dann auch noch das Lee Hopkins-Stipendium als Würdigung seiner eigenständigen Forschungen zur Funktion der vorderen spinalen Nervenwurzeln. Dr. Ripley fuhr sich entgeistert mit den Fingern durch sein dünnes Haar, als er den Werdegang seines Konkurrenten studierte. Wie in aller Welt kam ein so brillianter Mann darauf, seine Praxis in einem kleinen Kaff in Hampshire zu eröffnen? Aber Dr. Ripley legte sich eine Erklärung für das Rätsel zurecht. Zweifellos war Dr. Verrinder Smith einfach deshalb hergekommen, um sich in aller Ruhe wissenschaftlichen Studien widmen zu können. Das Schild war ein ganz normales Namensschild, keine Aufforderung an Patienten. Natürlich – nur so konnte es sein. In diesem Fall wäre die Anwesenheit eines so brillanten Nachbarn eine großartige Bereicherung für seine eigenen Studien. Er hatte sich oft nach einer verwandten Seele gesehnt, nach jemandem für fruchtbare Streitgespräche. Ein glücklicher Zufall hatte ihm so jemanden über den Weg geführt, und er war im siebten Himmel. In seiner Freude tat er etwas, das ganz gegen seine Gewohnheit war. Unter Medizinern ist es üblich, daß ein Neuankömmling zuerst den Älteren aufsucht – das ist eine eiserne Regel. Dr. Ripley nahm es mit solchen Dingen peinlich genau, und dennoch fuhr er am nächsten Tag zu Dr. Verrinder Smith. Eine solche Umkehrung der Etikette war – wie er fand – eine noble Geste seinerseits und ein guter Anfang für den engen Kontakt, den er hoffentlich mit seinem Nachbarn pflegen würde.

Das Haus war ordentlich eingerichtet, und ein gutaussehendes Dienstmädchen führte Dr. Ripley in ein schönes kleines Sprechzimmer. Als er eintrat, fielen ihm zwei oder drei Sonnenschirme und ein Sonnenhut auf, die in der Halle hingen. Es war bedauerlich, daß sein Kollege offenbar verheiratet war, denn das bedeutete, daß sie einen unterschiedlichen sozialen Status hatten, und es stand den langen Abenden im Wege, die Dr. Ripley mit wissenschaftlichen Gesprächen verbringen wollte. Andererseits gefiel ihm vieles an dem Sprechzimmer. Überall lagen moderne Instrumente, die man häufiger in Krankenhäusern fand als in den Häusern privater Ärzte. Auf dem Tisch stand ein Sphygmograph und in der Ecke eine gasometerähnliche Maschine, die Dr. Ripley noch nie gesehen hatte. Ein Bücherregal voll mit dicken Büchern auf Französisch und Deutsch und Einbänden in allen Farben des Regenbogens zog seinen Blick auf sich, und er war in die Titel versunken, als hinter ihm plötzlich die Tür aufging. Als er sich umdrehte, stand eine kleine Frau vor ihm. Das einzig

Auffällige in ihrem unscheinbaren, blassen Gesicht waren ihre intelligenten, humorvollen Augen, deren Blau genau zwei Schattierungen zu grün war. In der linken Hand hatte sie einen Kneifer und in der rechten die Karte des Arztes.

„Guten Tag, Dr. Ripley", sagte sie.

„Guten Tag, Madam", erwiderte der Besucher. „Ihr Mann ist nicht zufällig zu Hause?"

„Ich bin nicht verheiratet", sagte sie schlicht.

„Oh, ich bitte um Verzeihung! Ich meinte den Arzt – Dr. Verrinder Smith."

„Ich bin Dr. Verrinder Smith."

Dr. Ripley war so verblüfft, daß er seinen Hut fallenließ und vergaß, ihn wieder aufzuheben. „Was!" stieß er hervor, „der Lee Hopkins-Preisträger! Sie!"

Er hatte noch nie eine Ärztin gesehen, und sein ganzes konservatives Gemüt bäumte sich gegen die bloße Vorstellung auf. Ihm fiel keine Bibelstellen ein, die forderte, daß der Mann der Arzt und die Frau die Krankenschwester bleiben sollte, und trotzdem kam es ihm wie Gotteslästerung vor. Sein Gesicht verriet seine Gefühle nur allzu deutlich.

„Es tut mir leid, Sie zu enttäuschen", sagte die Dame trocken.

„Sie haben mich wirklich überrascht", antwortete er und hob seinen Hut auf.

„Dann gehören Sie also nicht zu unseren Fürsprechern?"

„Ich kann nicht behaupten, daß die Bewegung meine Zustimmung findet."

„Und warum nicht?"

„Ich würde das lieber nicht diskutieren."

„Aber ich bin sicher, daß Sie die Frage einer Dame beantworten."

„Damen riskieren, ihre Privilegien, wenn sie den Platz des anderen Geschlechts in Beschlag nehmen. Sie können nicht beides verlangen."

„Wieso sollte eine Frau nicht ihr Brot mit ihrem Grips verdienen?"

Dr. Ripley ärgerte sich über die gelassene Art, mit der die Frau ihn ausfragte.

„Ich möchte mich nicht in eine Diskussion verwickeln lassen, Miss Smith."

„*Dr*. Smith", verbesserte sie.

„Dann eben Dr. Smith! Aber wenn Sie auf einer Antwort bestehen, muß ich sagen, daß ich den Arztberuf nicht für Frauen geeignet finde und daß ich eine persönliche Abneigung gegen Mannweiber habe." Es war eine ausgesprochen unverschämte Rede, und er schämte sich hinterher sofort dafür.

Die Dame jedoch hob nur die Augenbrauen und lächelte. „Mir scheint, daß Sie es unbedingt hören wollen", sagte sie. „Natürlich, wenn Frauen in diesem Beruf vermännlichen würden, wäre das wirklich ein gewaltiger Rückschritt."

Das war eine gelungene Retourkutsche, und Dr. Ripley akzeptierte sie wie ein touchierter Fechter mit einer Verbeugung.

„Ich muß gehen", sagte er.

„Ich bedaure, daß wir uns in diesem Punkt nicht besser verstehen, da wir Nachbarn sein werden", bemerkte sie.

Er verbeugte sich noch einmal und machte einen Schritt zur Tür hin.

„Was für ein einmaliger Zufall", fuhr sie fort, „daß ich genau in dem Moment, in dem Sie kamen, Ihren Artikel über die lokomotorische Ataxie im *Lancet* gelesen habe."

„Tatsächlich“, sagte er trocken.

„Ich finde, es ist ein sehr gelungener Artikel.“

„Sie verstehen etwas davon.“

„Aber die Ansichten, die Sie Professor Pitres aus Bordeaux zuschreiben, hat er mittlerweile revidiert.“

„Ich habe seinen Artikel von 1890 gelesen“, sagte Dr. Ripley wütend.

„Hier ist sein Artikel von 1891.“ Sie zog es aus einem Stapel von Zeitschriften hervor. „Falls Sie die Zeit haben, einen Blick auf diese Stelle zu werfen –“

Dr. Ripley nahm es ihr aus der Hand und überflog hastig den Absatz, auf den sie zeigte. Es war unbestreitbar, daß der Abschnitt seinen eigenen Artikel vollkommen widerlegte. Er warf die Zeitschrift zu Boden, verbeugte sich noch einmal mit eisiger Höflichkeit und ging zur Tür. Als er dem Diener die Zügel abnahm, schaute er sich um und sah, daß die Dame am Fenster stand, und er hatte das Gefühl, daß sie herzlich lachte. Die Erinnerung an das Gespräch ließ ihn den ganzen Tag nicht mehr los. Er hatte das Gefühl, daß er eine sehr schlechte Figur gemacht hatte. Sie hatte bewiesen, daß sie mehr von seinem Lieblingsgebiet verstand als er. Sie war höflich gewesen und er ruppig, sie selbstbeherrscht und er ausfallend. Und das schlimmste von allem war ihre Anwesenheit, ihr unerhörtes Eindringen, über dem er brütete. Früher waren Ärztinnen für ihn eine abstrakte Sache gewesen – unangenehm, aber weit weg. Jetzt war eine leibhaftige Ärztin da, hatte ein Messingschild wie er und warb um dieselben Patienten. Nicht, daß er ihre Konkurrenz fürchtete, aber er ärgerte sich über diese Erniedrigung seiner Idealvorstellungen von Weiblichkeit. Sie konnte nicht älter als dreißig sein und hatte ein intelligentes, ausdrucksvolles Gesicht. Wenn er an ihre humorvollen Augen und ihr energisches Kinn dachte, waren ihm die Einzelheiten ihrer Ausbildung noch mehr zuwider. Ein Mann konnte so eine Prüfung natürlich unbeschadet überstehen, aber für eine Frau war es einfach schamlos.

Aber es dauerte nicht lange, bis er begriff, daß er auch ihre Konkurrenz fürchten mußte. Der Reiz des Neuen hatte ein paar sensationslüsterne Kranke in ihre Praxis geführt, und wenn sie einmal dagewesen waren, waren sie so beeindruckt von ihrer Bestimmtheit und den einzigartigen neumodischen Instrumenten, mit denen sie abklopfte und abhorchte, daß es ihnen noch wochenlang Gesprächsstoff lieferte.

Und bald gab es auf dem Land handfeste Beweise für ihr Können. Bauer Eyton, dessen hartnäckiges Geschwür sich unter der gnädigen Herrschaft von Zinksalbe über Jahre hinweg still und leise auf seinem Unterschenkel breitgemacht hatte, wurde mit einer heißen Flüssigkeit behandelt und stellte nach zwei durchfluchten Nächten fest, daß die Wunde anfing zu heilen. Mrs. Crowder hatte das Muttermal ihrer zweiten Tochter Eliza immer als Zeichen dafür betrachtet, daß der Schöpfer ihr das dritte Stück Himbeer-Torte, das sie zu einem entscheidenden Zeitpunkt gegessen hatte, übelgenommen hatte. Sie erfuhr, daß der Schaden mit Hilfe von zwei galvanischen Nadeln behoben werden konnte.

Dr. Verrinder Smith war nach einem Monat bekannt und nach zwei Monaten berühmt. Gelegentlich traf Dr. Ripley sie, wenn er seine seine Visiten machte. Sie hatte sich eine Kutsche zugelegt und hielt die Zügel selbst, hinter ihr ein kleiner Page. Wenn sie einander begegneten, zog er immer höflich den Hut, wie es sich gehörte, aber seine grimmige Miene zeigte, daß es nur eine Äußerlichkeit war. Seine Abneigung steigerte sich innerhalb kurzer Zeit zu regelrechtem Abscheu. „Das

Mannweib“ nannte er sie ungeniert gegenüber den Patienten, die die ihm treu blieben. Aber ihre Zahl schrumpfte rasant, und jeden Tag hörte er Neuigkeiten, die seine Eitelkeit kränkten. Die Frau hatte die Landbevölkerung verhext, und die Leute kamen von nah und fern in Scharen zu ihr.

Am schlimmsten war es, daß sie etwas schaffte, was er für unmöglich gehalten hatte. Trotz all seines Wissens fehlte ihm der Mut zum Operieren, und er schickte die schwersten Fälle normalerweise nach London. Die Dame jedoch war in dieser Hinsicht nicht empfindlich und stellte sich jedem Problem. Es war ihm eine Qual, zu hören, daß sie den Klumpfuß des kleinen Alec Turner richten würde, und während er das noch für ein Gerücht hielt, bekam er einen Brief von Alecs Mutter, der Frau des Pfarrers, in dem sie fragte, ob er so freundlich sein wolle, als Anästhesist zu fungieren. Es wäre unmenschlich gewesen, abzulehnen, weil niemand anders für diese Aufgabe zur Verfügung stand, aber es wurmte den sensiblen Mann sehr. Trotz seines Grolls konnte er nicht umhin, die Professionalität seiner Kollegin zu bewundern. Sie behandelte den kleinen Fuß, der Ähnlichkeit mit einem Wachsklumpen hatte, behutsam und hielt das kleine Tenotom wie ein Künstler seinen Pinsel. Eine direkte Einspritzung, ein kleiner Schnitt in eine Sehne, und schon war alles vorbei, ohne daß das weiße Tuch, auf dem der Patient lag, auch nur einen Fleck abbekommen hätte. Er hatte noch nie so eine Meisterleistung gesehen und war so ehrlich, es auszusprechen, obwohl ihr Können seine Abneigung gegen sie noch vergrößerte. Durch die Operation wurde sie noch berühmter – auf seine Kosten – , und zu den anderen Gründen, aus denen er sie verabscheute, kam jetzt noch Selbstschutz hinzu. Und ausgerechnet dieser

Widerwille führte zu einer dramatischen Entwicklung. Eines späten Abends im Winter, als er gerade wie üblich allein gegessen hatte, kam ein Diener des Gutsherrn Faircastle – des reichsten Mannes in der näheren Umgebung – zu ihm und berichtete, daß die Tochter des Gutsherrn sich die Hand verbrüht hatte und sofort ärztliche Hilfe brauchte. Der Kutscher war derweil zu der Ärztin gefahren, denn für den Gutsherrn spielte es keine Rolle, wer kam, sofern es nur schnell ging. Dr. Ripley stürzte aus dem Haus, wild entschlossen, ihr keinen Zugang zu seinen letzten Getreuen zu erlauben, wenn er es durch rasantes Fahren verhindern konnte. Er nahm sich nicht einmal die Zeit, die Lampen an seiner Kutsche anzuzünden, sondern sprang Hals über Kopf in seinen Wagen und ließ das Pferd rennen, so schnell es konnte. Er wohnte viel näher beim Gutshaus als sie und war sicher, daß er lange vor ihr ankommen würde. Und er hätte es auch geschafft, wäre da nicht die Laune des Zufalls gewesen, die die Pläne der Menschen durcheinanderbringt und den Propheten die Sprache verschlägt. Ob es daran lag, daß er die Lampen nicht angezündet hatte oder daran, daß er abgelenkt war durch den ständigen Gedanken an seine Rivalin – jedenfalls zog er in einer scharfen Kurve auf der Straße nach Basingstoke die Zügel zu heftig an. Das verschreckte Pferd ging mit der leeren Kutsche durch, und beide verschwanden polternd im Dunkeln, während der Diener des Gutsherrn aus dem Graben krabbelte, in dem er gelandet war.

Er zündete ein Streichholz an, sah auf seinen stöhnenden Begleiter hinunter, und wie allen starken Männern, die etwas zu Gesicht bekommen, das sie noch nie zuvor gesehen haben, wurde ihm schlecht. Der Arzt richtete sich etwas auf und stützte sich im Licht des Streichholzes auf seinen Ellbogen. Er sah, daß ein weißes, sperriges Etwas aus seinem Hosenbein ragte. „Offener Bruch!“ stöhnte er. „Das dauert drei Monate!“ Und er fiel in Ohnmacht.

Als er wieder zu sich kam, war der Diener verschwunden, denn er war zum Haus des Squires gerannt, um Hilfe zu holen, aber ein kleiner Junge beleuchtete sein verletztes Bein mit einer Kutschenlampe und eine Frau, die eine offene Tasche mit polierten Instrumenten bei sich hatte. Die Instrumente glänzten in dem gelben Licht, und die Frau war dabei, sein Hosenbein mit einer stumpfen Schere aufzuschneiden.

„Schon gut, Doktor“, sagte sie beruhigend. „Es tut mir so leid. Morgen kann sich Dr. Horton um Sie kümmern, aber ich bin sicher, daß Sie mir heute abend erlauben, Ihnen zu helfen. Ich habe kaum meinen Augen getraut, als ich Sie am Straßenrand gesehen habe.“

„Der Diener ist weggegangen, um Hilfe zu holen“, stöhnte der Patient.

„Wenn er zurückkommt, können wir Sie in die Kutsche legen. Etwas mehr Licht, John! So! O je, das müssen wir verbinden, bevor wir Sie bewegen, sonst wird es noch schlimmer. Gestatten Sie mir, Sie zu chloroformieren, und ich habe keinen Zweifel, daß ich das Bein gut genug richten kann, um –“

Das Ende des Satzes hörte Dr. Ripley nicht mehr. Er versuchte, die Hand zu heben und einen Widerspruch zu murmeln, doch ein süßer Duft stieg ihm in die Nase, und ein Gefühl von Frieden und Lethargie besänftigte seine überreizten Nerven. Er sank durch klares, kühles Wasser in die Tiefe – hinunter in die grünen Schatten, leicht und mühelos, während er den angenehmen Klang einer Kirchglocke hörte. Dann tauchte er wieder auf, immer höher, mit einem schrecklichen Druckgefühl auf den Schläfen, bis er schließlich aus den grünen Schatten unsanft wieder ins Licht katapultiert wurde. Zwei goldene Kugeln glänzten vor seinen verschleierten Augen. Er blinzelte und blinzelte, bevor er sagen konnte, um was es sich handelte. Es waren nur die beiden Kupferkugeln an seinen Bettpfosten, und er lag in seinem eigenen Zimmer. Sein Kopf und sein Bein fühlten sich bleischwer an. Als er den Kopf wandte, sah er das ruhige Gesicht von Dr. Verrinder Smith über sich.

„Ah, endlich!" sagte sie. „Ich habe das Bein während des ganzen Nachhauseweges abgestützt, weil mir klar war, wie schmerzhaft das Rütteln des Wagens sein würde. Es ist nun ordentlich geschient. Ich habe eine Dosis Morphium für Sie bestellt. Soll ich den Diener beauftragen, morgen früh Dr. Horton zu holen?"

„Mir wäre es am liebsten, wenn Sie mich weiter behandeln würden", sagte Dr. Ripley matt, und fügte mit einem halb hysterischen Lachen hinzu: „Sie haben ja ohnehin schon alle Bewohner des Kirchspiels als Patienten, dann bekommen Sie mich eben auch noch." Es waren keine sehr charmanten Worte, aber ihr Blick war nicht ärgerlich, sondern mitleidig, als sie sich abwandte.

Dr. Ripley hatte einen Bruder, William, der als Chirurg in einem Londoner Krankenhaus tätig war und der schon ein paar Stunden, nachdem er von dem Unfall gehört hatte, in Hampshire erschien. Er zog die Augenbrauen hoch, als er die Einzelheiten erfuhr. „Was! Du wurdest von so einer belästigt!" rief er.

„Ich weiß nicht, was ich ohne sie getan hätte."

„Ich bezweifle nicht, daß Sie eine ausgezeichnete Krankenschwester ist."

„Sie macht ihre Arbeit ebensogut wie du und ich."

„Sprich nur für dich selbst, James", sagte der Mann aus London mit einem Naserümpfen. „Aber abgesehen davon weißt du sicher, daß es im Prinzip völlig falsch ist."

„Meinst du nicht, daß man das auch anders sehen kann?"

„Lieber Himmel! Meinst *du* das etwa?"

„Nun ja, ich weiß nicht recht. Mir ist in der Nacht plötzlich der Gedanke gekommen, daß unsere Ansichten vielleicht etwas engstirnig waren."

„Unsinn, James. Es kann gut sein, daß Frauen auf theoretischem Gebiet Preise bekommen, aber du weißt genausogut wie ich, daß sie in der Praxis hoffnungslose Nieten sind. Ich wette, daß diese Frau ein Nervenbündel war, als sie dir das Bein gerichtet hat. Da fällt mir ein – ich sollte besser einen Blick darauf werfen, um zu sehen, ob es ordentlich gemacht wurde."

„Mir wäre es lieber, wenn du den Verband nicht abnimmst", sagte der Patient. „Ich habe ihr Wort, daß es in Ordnung ist."

Bruder William war schockiert. „Natürlich, wenn das Wort einer Frau mehr gilt als die Meinung eines Londoner Chirurgen, gibt es nichts mehr zu sagen", bemerkte er.

„Ich würde es vorziehen, wenn du die Finger davon läßt", sagte der Patient energisch, und Dr. William fuhr am gleichen Abend beleidigt nach London zurück.

Die Dame, die von seinem Kommen gehört hatte, war überrascht, als sie von seiner Abreise erfuhr.

„Wir hatten eine Meinungsverschiedenheit über eine Formalität", sagte Dr. James, und das war die einzige Erklärung, die er geben konnte. Zwei lange Monate sah Dr. Ripley seine Konkurrentin jeden Tag und erfuhr eine Menge, das er vorher nicht gewußt hatte. Sie war nicht nur eine sehr gewissenhafte Ärztin, sondern auch eine angenehme Gesellschaft. Ihre kurze Anwesenheit an den endlos langen Tagen war für ihn eine Oase in der Wüste. Sie hatte dieselben Interessen wie er, und er konnte mit ihr über alles auf gleichem Niveau reden. Und doch hatte sie bei all ihrer Gelehrsamkeit und Energie einen liebenswerten, weiblichen Charakter, der zum Vorschein kam, wenn sie redete, in ihren grünlichen Augen leuchtete und sich auf tausend Arten zeigte, die auch dem stumpfsinnigsten Mann auffallen mußten. Und er – wenn auch etwas pedantisch – war alles andere als stumpfsinnig, und er war ehrlich genug, um zuzugeben, daß er im Unrecht gewesen war.

„Ich weiß nicht, wie ich mich bei Ihnen entschuldigen soll“, sagte er eines Tages auf seine unbeholfe Art, als er soweit wiederhergestellt war, daß er mit hochgelegtem Bein in einem Sessel sitzen konnte, „ich habe das Gefühl, daß ich vollkommen falsch lag.“

„In welcher Sache?“

„In der Frauenfrage. Ich habe immer gedacht, daß eine Frau unweigerlich etwas von ihrem Charme einbüßen muß, wenn sie ein solches Fach studiert.“

„Oh, Sie halten uns also nicht mehr zwangsläufig für Mannweiber?“ rief sie mit einem schelmischen Lächeln.

„Bitte vergessen Sie, daß ich dieses alberne Wort gesagt habe.“

„Ich freue mich so, daß ich Ihnen geholfen habe, Ihre Ansichten zu ändern. Ich glaube, das ist das aufrichtigste Kompliment, das mir je gemacht wurde.“

„Es ist auf jeden Fall die Wahrheit“, sagte er und war die ganze Nacht froh, wenn er an ihr freudiges Erröten dachte, das ihr blasses Gesicht für einen Moment verschönt hatte. Denn er war schon soweit, daß für ihn keine andere Frau mehr ihr das Wasser reichen konnte. Schon mußte er sich eingestehen, daß sie die einzige Frau für ihn war. Ihre Fähigkeiten, ihre sanften Hände, ihr liebenswertes Wesen, ihre gemeinsamen Interessen – all das zusammen hatte seine früheren Ansichten völlig auf den Kopf gestellt. Es war ein schwarzer Tag für ihn, wenn sie nicht kam, weil er schon fast wieder gesund war, und er fürchtete sich vor dem noch schwärzeren Tag, an dem sie ihre letzte Visite bei ihm machte. Schließlich war der Tag gekommen, und er hatte das Gefühl, daß sein ganzes Lebensglück von diesem entscheidenden Gespräch abhing. Er war von Natur aus direkt, also legte er seine Hand auf ihre, als sie seinen Puls fühlte, und fragte sie, ob sie ihn heiraten wollte.

„Was – und die Praxen zusammenlegen?“ sagte sie.

Wütend und unglücklich brauste er auf. „Sie unterstellen mir doch wohl nicht so niedere Beweggründe!“ rief er. „Ich liebe Sie so selbstlos, wie je eine Frau geliebt wurde.“

„Nein, ich war ungerecht. Es war eine dumme Bemerkung“, sagte sie, rückte mit ihrem Stuhl ein bißchen nach hinten und klopfte mit dem Stethoskop auf ihr Knie. „Vergessen Sie, daß ich so etwas gesagt habe. Es tut mir leid, Sie zu enttäuschen, und ich weiß die Ehre, die Sie mir erweisen, sehr zu schätzen, aber ich kann Ihren Wunsch unmöglich erfüllen.“

Eine andere Frau hätte er vielleicht versucht umzustimmen, aber sein Instinkt sagte ihm, daß es bei ihr zwecklos war – ihre Stimme klang fest entschlossen. Er sagte nichts, sondern sank niedergeschmettert in seinem Stuhl zusammen.

„Es tut mir so leid“, sagte sie noch einmal. „Wenn ich gewußt hätte, was in Ihnen vorging, hätte ich Ihnen früher gesagt, daß ich beschlossen habe, mein Leben ganz und gar der Wissenschaft zu widmen. Es gibt viele

Frauen, die heiraten wollen, aber nur wenige, die sich für Biologie interessieren. Deshalb werde ich meinen bisherigen Weg weitergehen. Ich habe hier nur die Zeit verbracht, bis eine Stelle im Paris Physiological Laboratory frei wird. Gerade habe ich erfahren, daß es jetzt soweit ist, also werde ich Ihnen keine Konkurrenz mehr machen. Ich habe Ihnen ebenso Unrecht getan wie Sie mir – ich habe Sie für engstirnig und pedantisch gehalten und Ihre guten Seiten nicht gesehen. Aber während Ihrer Krankheit habe ich Sie schätzen gelernt und werde unsere Freundschaft immer in guter Erinnerung behalten."

Und so kam es, daß es ein paar Wochen später nur noch einen Arzt in Hoyland gab. Aber den Leuten fiel auf, daß dieser eine in ein paar Monaten um Jahre gealtert war, daß tief in seinen blauen Augen Niedergeschlagenheit und Resignation zu sehen waren und daß er sich weniger denn je für die jungen Damen interessierte, die noch zu haben waren und die durch Zufall oder durch das Eingreifen ihrer umsichtigen Mütter seinen Weg kreuzten.

Der Chirurg

„Die Menschen sterben an den Krankheiten, die sie am gründlichsten erforscht haben“, bemerkte der Chirurg und schnitt das Ende einer Zigarre kunstgerecht ab. „Es ist, als sei die Neigung zu Krankheiten ein Ungeheuer, das, wenn es sich eingekreist fühlt, seinem Verfolger an die Kehle springt. Wenn man es den Bakterien zu schwer macht, zahlen sie es einem heim. Solche Fälle habe ich schon erlebt, und nicht nur bei bakteriellen Krankheiten.

Da war natürlich der wohlbekannte Fall von Liston und dem Aneurisma – um nur einen von vielen zu nennen. Es gibt keinen klareren Fall als den des armen alten Walker aus St. Christopher's. Nie gehört? Nun ja, sicher, es war ein bißchen vor Ihrer Zeit, aber ich bin überrascht, daß es offenbar in Vergessenheit geraten ist. Ihr jungen Leute seid so damit beschäftigt, auf dem neuesten Stand von heute zu bleiben, daß Euch viel Interessantes von gestern entgeht.

Walker war einer der größten europäischen Experten auf dem Gebiet der Nervenkrankheiten. Sie haben natürlich sein kleines Buch über die Sklerose der Posterior columns[19] gelesen. Es ist spannend wie ein Roman – und auf seine Art ein Jahrhundertwerk. Er hat geschuftet wie ein Ackergaul, der Walker – endlose Sprechzeiten – jeden Tag Stunden in der Klinik – uner-

19 Hirnaterien

müdlich in seiner Tätigkeit als Forscher. Und dann hatte er auch noch Zeit fürs Vergnügen. ‚De mortuis', jaja, aber es ist ein offenes Geheimnis unter allen, die ihn kannten. Er ist zwar mit fünfundvierzig gestorben, aber in dieser Zeit hatte er soviel erlebt wie ein Achtzigjähriger. Erstaunlich war nur, daß er dieses Tempo überhaupt so lange durchgehalten hat. Aber er nahm es mit beeindruckender Haltung auf, als es soweit war.

Ich war damals sein Assistent in der Klinik. Walker hielt eine Vorlesung über Locomotor ataxia[20] vor einer Handvoll junger Leute. Er erklärte gerade, daß eines der ersten Anzeichen des Leidens war, daß der Patient nicht mehr mit geschlossenen Augen die Hacken zusammenschlagen konnte, ohne ins Stolpern zu kommen. Während er sprach, bot er ein lebendes Beispiel für die Symptome. Ich glaube, den Jungen fiel nichts auf – aber mir, und ihm ebenfalls, doch er beendete die Vorlesung, ohne sich etwas anmerken zu lassen.

Danach kam er in mein Zimmer und zündete sich eine Zigarette an. „Testen Sie nur mal meine Reflexe, Smith", sagte er.

Sie waren kaum noch vorhanden. Ich klopfte mit dem Hämmerchen gegen seine Kniescheibe, aber ich hätte es ebensogut mit dem Sofakissen dort probieren können. Er stand mit geschlossenen Augen da und schwankte wie ein Strauch im Wind.

„So", sagte er, „also keine Intercostal neuralgia."

Da wußte ich, daß er Lightning pains[21] hatte und die Sache erledigt war. Es gab nichts zu sagen, also saß ich da und sah zu, wie er wie ein Schlot rauchte. Er war ein Mann in der Blüte seines Lebens, einer der der attrak-

20 Tabes dorsalis

21 Tabes dorsalis, progressive Degeneration von Nervengewebe im Rückenmark als Folge der Syphilis

tivsten Männer in London, der Geld, Ruhm und gesellschaftliches Ansehen erworben hatte und dem die Welt zu Füßen lag – und nun wurde ihm ohne jede Vorwarnung eröffnet, daß ihm der Tod bevorstand – ein Tod, der mit raffinierteren und ausgedehnteren Qualen verbunden war als ein Opfer am Marterpfahl der Indianer zu erwarten hätte.

Er war eingehüllt in eine blaue Wolke Zigarettenqualm und saß mit niedergeschlagenen Augen da, und seine Lippen waren nur ein kleines bißchen verkniffen. Dann stand er auf und machte eine Armbewegung, als wolle er seine früheren Gedanken über Bord werfen und einen neuen Kurs einschlagen.

„Am besten erledigen wir gleich das Nötige", sagte er. „Ich muß einige Verfügungen treffen. Geben Sie mir bitte Stift und Papier?"

Er setzte sich an meinen Schreibtisch und schrieb ein halbes Dutzend Briefe. Es ist kein Vertrauensbruch, zu erzählen, daß sie nicht an seine Kollegen gerichtet waren. Walker war alleinstehend und nicht an eine bestimmte Frau gebunden. Als er fertig war, verließ er mein kleines Zimmer und ließ alle Hoffnungen und Ambitionen seines Lebens hinter sich. Und vielleicht wäre ihm noch ein Jahr in friedlicher Ahnungslosigkeit vergönnt gewesen, wenn er nicht zufällig gerade dieses Thema in seiner Vorlesung behandelt hätte.

Er brauchte fünf Jahre, um zu sterben, und harrte tapfer aus. Wenn er auch etwas unbeständig gewesen war, machte er es durch das lange Martyrium wieder gut. Er führte über seine Symptome genau Buch und glich die Verschlechterung der Augen entschlossener aus als irgend jemand vor ihm. Als die Ptosis[22] sich sehr verschlimmert hatte, zog er das herabgesunkene Augen-

22 Ptosis: das Herabhängen des oberen Augenlides

lid mit der freien Hand nach oben, während er mit der anderen schrieb. Als er seine Handbewegungen nicht mehr koordinieren und deshalb nicht mehr selbst schreiben konnte, diktierte er seiner Krankenschwester. So starb James Walker im Dunstkreis der Wissenschaft im Alter von 45 Jahren.

Der arme alte Walker hatte eine Vorliebe für experimentelle Chirurgie und schaffte mehrere Durchbrüche. Unter uns gesagt: Es gab noch mehr Durchbrüche nach ihm, aber er tat, was er konnte. Sie kennen M'Namara, nicht wahr? Er hat lange Haare, angeblich wegen seiner künstlerischen Ader, aber in Wirklichkeit will er damit verbergen, daß ihm ein Ohr fehlt. Das andere hat Walker ihm abgeschnitten, aber bitte erzählen Sie Mac nicht, daß ich es ausgeplaudert habe.

Es geschah so: Walker hatte eine fixe Idee über den Portio dura – einen Gesichtsmuskel, wie Sie wissen – , und er meinte, eine Lähmung dieses Muskels würde durch eine Störung im Blutfluß verursacht. Ein Gegengewicht zu dieser Störung würde die Lähmung beheben, dachte er.

Wir hatten einen sehr hartnäckigen Fall von Bellscher Parese[23] und hatten alles Erdenkliche versucht – Zugsalbe, Stärkungsmittel, Stromstöße, Akupunktur – aber alles ohne Erfolg. Walker setzte sich in den Kopf, daß die Entfernung eines Ohrs die Durchblutung anregen würde, und er erreichte sehr bald die Zustimmung des Patienten zu der Operation.

Nun ja, wir führten die Operation in der Nacht aus. Walker wußte natürlich, daß es eigentlich ein Experiment war, und wollte nicht zuviel darüber sprechen, falls es sich als Fehlschlag erweisen sollte. Wir waren ungefähr ein halbes Dutzend Leute, darunter M'Namara

23 Idiopathische Fazialisparese, Gesichtslähmung

und ich. Der Operationssaal war klein, und in der Mitte stand ein schmaler Tisch mit einem gummibezogenen Kissen und einer Decke, die auf beiden Seiten fast bis zum Boden reichte. Die einzige Beleuchtung kam von zwei Kerzen auf einem Tisch neben dem Kissen. Der Patient kam herein. Eine seiner Gesichtshälften war weich wie die eines Babys, die andere zuckte vor Aufregung. Er legte sich hin und wurde mit dem Chloroformlappen betäubt, während Walker bei Kerzenlicht seine Nadeln einfädelte. Der Chloroformist stand am Kopfende des Tisches, und M'Namara war an der Seite postiert, um den Patienten zu bewachen. Wir anderen standen zum Assistieren bereit.

Also, der Mann war schon fast weggetreten, als er plötzlich krampfhafte Zuckungen bekam, die oft mit dem Dämmerzustand einhergehen. Er trat und schlug um sich, und mit einem Krachen fiel der kleine Tisch um, auf dem die Kerzen standen, und mit einem Schlag fanden wir uns in völliger Dunkelheit wieder. Sie können sich vorstellen, was für eine Hektik ausbrach – einer richtete den Tisch wieder auf, ein anderer suchte nach Streichhölzern, und ein Dritter bändigte den Patienten, der immer noch tobte.

Zwei Assistenten hielten ihn fest, der Chloroformlappen wurde ihm auf den Mund gepreßt, und als die Kerzen wieder brannten, waren seine unzusammenhängenden, halberstickten Schreie nur noch ein geräuschvolles Schnarchen. Sein Kopf wurde so gehalten, daß man ihm das Ohr abschneiden konnte, und der Chloroformlappen wurde während der ganzen Operation auf sein Gesicht gedrückt. Dann wurde der Lappen weggezogen, und Sie können sich vorstellen, welchen Schock wir bekamen, als wir in das Gesicht von M'Namara blickten.

Wie war das passiert? Nun, ganz einfach. Als die Kerzen vom Tisch fielen, hatte der Chloroformist einen Moment innegehalten und versucht, sie aufzufangen. Als das Licht erlosch, war der Patient vom Operationstisch gefallen und unter den Tisch gerollt. Der arme M'Namara, der ihn krampfhaft festgehalten hatte, war auf den Tisch gezerrt worden, und als der Chloroformist ihn zu fassen bekam, hatte er ihm natürlich den Lappen auf Mund und Nase gedrückt. Die anderen hatten ihn festgehalten, und je mehr er geschrien und um sich getreten hatte, desto mehr Chloroform hatten sie ihm eingetrichtert.

Walker war sehr entgegenkommend und entschuldigte sich mit äußerst gewählten Worten. Er bot M'Namara an, sofort eine plastische Operation durchzuführen und das Ohr so gut wie möglich wieder anzunähen, aber M'Namara hatte genug. Was den Patienten betraf, so fanden wir ihn friedlich schlummernd unter dem Tisch, eingewickelt in die Decke. Am nächsten Tag schickte Walker M'Namara sein Ohr in einem Einmachglas mit Methylflüssigkeit, aber Macs Frau war sehr zornig, und es gab viel Ärger deswegen.

Manche Leute meinen, je mehr jemand sich mit der menschlichen Natur befaßt und je näher er ihr kommt, desto weniger hält er von ihr. Ich glaube aber nicht, daß diejenigen mit dem größten Wissen dem zustimmen würden. Meine eigene Erfahrung ist ganz anders. Sehen Sie mich an, ich wurde in der theologischen Miserable-Mortal-Clay-School erzogen, und dennoch habe ich nach dreißig Jahren engster Bekanntschaft mit dem menschlichen Charakter den größten Respekt vor ihm.

Das Böse ist meistens nur eine Schale, und das, was darunter verborgen liegt, ist gut. Hundertmal habe ich Leute gesehen, die ebenso plötzlich wie der arme Walker zum Tode verurteilt wurden – manchmal auch zu Blindheit oder zu Verstümmlungen, die schlimmer sind als der Tod. Fast alle Männer und Frauen haben sich den Tatsachen tapfer gestellt, und einige waren wunderbar selbstlos und dachten nur daran, welche Folgen ihr Schicksal für andere haben würde, und so entpuppte sich der Mann von nebenan oder die freizügig gekleidete Frau plötzlich vor meinen Augen als Engel. Ich habe auch Menschen jeden Alters, aller Glaubensrichtungen und Atheisten auf dem Totenbett gesehen und habe nie erlebt, daß jemand Angst hatte – bis auf einen armen jungen Mann mit lebhafter Phantasie, der sein unbescholtenes Leben in einer sehr strengen Sekte verbracht hatte. Natürlich hat ein Erschöpfter auch gar nicht mehr die Kraft, sich zu fürchten – das kann Ihnen jeder erzählen, der einmal seekrank war und dem dann gesagt wurde, das Schiff würde sinken. Darum bewerte ich Mut angesichts eines Gebrechens höher als Mut angesichts einer verzehrenden Krankheit, die zum Tod führt.

Nun noch ein Fall, den ich letzten Mittwoch in meiner eigenen Praxis erlebt habe. Eine Dame – die Frau eines bekannten Baronets – kam in meine Sprechstunde. Ihr Mann war mitgekommen, blieb aber auf ihre Bitte hin im Wartezimmer. Ich übergehe die Einzelheiten, aber es stellte sich als ein besonders heimtückischer Krebs heraus. „Ich wußte es“, sagte sie. „Wie lange habe ich noch zu leben?“ – „Ich fürchte, nur noch ein paar Monate“, antwortete ich. „Armer alter Jack!“ sagte sie. „Ich werde ihm sagen, daß es nichts Gefährliches ist.“ – „Warum wollen Sie ihm nicht die Wahrheit sagen?“ fragte ich. „Nun, er macht sich große Sorgen und sitzt jetzt zitternd im Wartezimmer. Er erwartet heute zwei alte Freunde zum Abendessen, und ich möchte ihm nicht den Abend verderben. Es ist früh genug, wenn er die Wahrheit morgen erfährt." Die tapfere kleine Frau verließ das Sprechzimmer, und einen Augenblick später platzte ihr Mann mit seinem großen roten Gesicht freudestrahlend herein, um mir die Hand zu schütteln. Nein, ich respektierte ihren Wunsch und ließ ihn bei seinem Glauben. Ich wette, dieser Abend war einer der schönsten und der nächste Morgen der schlimmste seines Lebens.

Es ist großartig, mit was für einer heiteren Gelassenheit eine Frau einen schweren Schicksalsschlag aufnehmen kann. Bei Männern ist es anders. Ein Mann kann dasselbe ohne Klage wegstecken, aber er ist trotzdem wie betäubt. Aber eine Frau verliert ihre Geistesgegenwart ebensowenig wie ihren Mut. Ich hatte erst vor ein paar Wochen einen Fall, der Ihnen zeigen wird, was ich meine. Ein Herr kam zu mir, und es ging um seine sehr schöne Frau. Nach seinen Worten hatte sie eine kleine tuberkulöse Geschwulst auf dem Oberarm. Er war sicher, daß es bedeutungslos war und wollte nur wissen, ob Devonshire oder die Riviera besser für sie wäre. Ich untersuchte sie und stellte ein furchtbares Sarkom am Knochen fest, das von außen kaum zu sehen war, das aber das Schulterblatt, das Schlüsselbein und den Oberarmknochen befallen hatte. Es war das Schlimmste, was ich je gesehen habe. Ich schickte sie aus dem Zimmer und sagte ihm die Wahrheit. Was tat er? Nun, er ging langsam auf und ab, die Hände hinter dem Rücken verschränkt, und schaute sich mit größtem Interesse die Bilder an. Ich sehe ihn noch vor mir, wie er seinen goldenen Kneifer aufsetzte und die Bilder mit völlig leerem Blick anstarrte, was mir klarmachte, daß er weder sie noch die Wand dahinter sah.

„Muß ihr der Arm amputiert werden?" fragte er schließlich.

„Ja, und das Schlüsselbein und das Schulterblatt", sagte ich.

„Ich verstehe. Das Schlüsselbein und das Schulterblatt", wiederholte und starrte mit leblosen Augen vor sich hin. Er war niedergeschmettert, und ich glaube, er wird nie wieder der Alte. Aber die Frau nahm es vollkommen gefaßt auf und hat sich seitdem gut gehalten. Die Krankheit war soweit fortgeschritten, daß der Arm brach, als wir ihn aus dem Nachthemd zogen. Nein, ich glaube nicht, daß die Krankheit zurückkehrt und habe die beste Hoffnung für ihre Genesung.

An den ersten Patienten erinnert man sich ein Leben lang. Meiner war ein alltäglicher Fall, und die Einzelheiten sind uninteressant. Doch ein paar Wochen, nachdem ich mein Türschild angebracht hatte, hatte ich eine seltsame Besucherin. Es war eine ältere Frau in vornehmer Kleidung mit einem Picknickkorb aus Weidengeflecht in der Hand. Sie öffnete den Korb, während ihr Tränen übers Gesicht liefen, und der dickste, häßlichste und räudigste kleine Mops, den ich je gesehen habe, watschelte heraus.

„Ich möchte, daß Sie ihm schmerzlos aus der Welt helfen, Doktor", schluchzte sie. „Schnell, schnell, bevor ich wankelmütig werde." Sie warf sich unter hysterischem Schluchzen auf das Sofa.

Je unerfahrener ein Arzt ist, desto mehr Wert legt er auf seine professionelle Würde, woran ich Sie sicher nicht erinnern muß, mein junger Freund, und deshalb war ich nahe daran, den Auftrag entrüstet abzulehnen. Aber dann dachte ich daran, daß wir – unabhängig von medizinischen Fragen – Gentleman und Lady waren, und daß sie mich um etwas gebeten hatte, das für sie offenbar von größter Wichtigkeit war. Ich führte also das arme kleine Hündchen aus dem Zimmer, und mit

Hilfe einer Schüssel Milch und ein wenig Blausäure war sein Ende so schnell und schmerzlos, wie man es sich nur wünschen konnte. Es war wirklich tragisch zu sehen, wie all die Liebe, die für Mann und Kinder bestimmt gewesen wäre, sich stattdessen auf dieses häßliche kleine Tier gerichtet hatte, weil sie keine Familie hatte. Sie stieg, völlig gebrochen vor Kummer, in ihre Kutsche, und erst nach ihrer Abfahrt entdeckte ich einen Umschlag mit einem großen roten Siegel, der auf dem Block mit Löschpapier auf meinem Schreibtisch. Auf dem Umschlag stand mit Füller geschrieben: „Ich bin sicher, daß Sie es bereitwillig auch ohne Bezahlung getan hätten, aber ich bestehe darauf, daß Sie den Inhalt des Kuverts annehmen.“ Ich öffnete es mit vagen Vorstellungen von einer exzentrischen Millionärin und einer Fünfzigpfundnote, doch alles, was ich fand, war eine Postanweisung über vier Pfund und sechs Pence. Mir kam die ganze Geschichte so komisch vor, daß ich mich beinahe totlachte.

Sie werden feststellen, daß soviel Tragik im Leben eines Arztes steckt, mein Junge, daß er es nicht ertragen könnte ohne die komische Seite, die er manchmal zu sehen bekommt und die ein Lichtblick für ihn ist.

Und ein Arzt hat auch allen Grund, dankbar zu sein. Vergessen Sie das nie. Es ist so eine Freude, ein bißchen Gutes zu tun, daß ein Mann für dieses Privileg bezahlen sollte, statt bezahlt zu werden. Natürlich muß er Frau und Kinder ernähren und ihnen ein Dach über dem Kopf geben. Aber seine Patienten sind seine Freunde – oder sollten es sein. Er geht von Haus zu Haus und wird überall herzlich empfangen. Was kann man noch wollen? Und außerdem muß er ein guter Mensch sein – er kann gar nicht anders. Wie kann jemand sein ganzes Leben lang mitansehen, wie tapfer die Leute ihr Leid tragen, und dabei hartherzig oder bösartig bleiben? Es ist ein edler, großzügiger und gütiger Beruf, und Ihr jungen Leute müßt dafür sorgen, daß es so bleibt."

Quellen

Die Erzählungen erscheinen hier in deutscher Erstveröffentlichung, sämtlich übersetzt von Nadine Erler.

„Vorwort“ (The Preface).
Erstveröffentlichung des Originals in „Round the Red Lamp“. D. Appleton and Company, New York 1894.

„Ein Relikt“ (Behind the Times).
Erstveröffentlichung des Originals in „Round the Red Lamp. Being Facts and Fancies of Medical Life. bei Methuen & Co., London 1894.

„Die Nachhut von ’15“ (A Straggler of ’15)
Erstveröffentlichung des Originals in „Black and White“, 1891.

„Die dritte Generation“ (The Third Generation).
Erstveröffentlichung des Originals in „Round the Red Lamp. Being Facts and Fancies of Medical Life. bei Methuen & Co., London 1894.

„Ein Fehlstart“ (A False Start).
Erstveröffentlichung des Originals in „Gentlewoman“, 1891.

„Evas Fluch“ (The Curse of Eve).
Erstveröffentlichung des Originals in „Round the Red Lamp. Being Facts and Fancies of Medical Life. bei Methuen & Co., London 1894.

„Die Liebenden“ (Sweethearts).
Erstveröffentlichung des Originals in „Idler“, 1894.

„Die Frau eines Physiologen“ (A Physiologist’s Wife).
Erstveröffentlichung des Originals in „Blackwood’s Mgazine“, 1890.

„Eine Frage der Diplomatie“ (A Question of Diplomacy).
Erstveröffentlichung des Originals in „Illustrated London News“, 1892.

„Mediziner unter sich“ (A Medical Document).
Erstveröffentlichung des Originals in „Round the Red Lamp. Being Facts and Fancies of Medical Life. bei Methuen & Co., London 1894.

„Die Ärzte von Hoyland“ (The Doctors of Hoyland).
Erstveröffentlichung des Originals in „Idler“, 1894.

„Der Chirurg“ (The Surgeon Talks).
Erstveröffentlichung des Originals in „Round the Red Lamp. Being Facts and Fancies of Medical Life. bei Methuen & Co., London 1894.

Die erste Buchausgabe erschien 1894 unter dem Titel: Round the Red Lamp. Being Facts and Fancies of Medical Life. bei Methuen & Co., London, und enthielt die folgenden Erzählungen:

Behind the Times
His First Operation
A Straggler of ’15
The Third Generation
A False Start
The Curse of Eve
Sweethearts
A Physiologist’s Wife
The Case of Lady Sannox
A Question of Diplomacy
A Medical Document
Lot No. 249
The Los Amigos Fiasco
The Doctors of Hoyland
The Surgeon Talks

In den vorliegenden Band wurden vier Erzählungen des Originalbandes nicht aufgenommen, da sie bereits im Band „Lady Sannox". Erzählungen. Sir Arthur Conan Doyle. Ausgewählte Werke, Band 16. Verlag 28 Eichen, Barnstorf 2008, ISBN 978-3-940597-18-2, enthalten sind. Es handelt sich um:

„Seine erste Operation" (His First Operation).
Erstveröffentlichung des Original und zugleich erste Buchpublikation der Originalerzählung in „Round the Red Lamp", 1894. Hier in deutscher Erstveröffentlichung.

„Der Fall Lady Sannox" (The Case of Lady Sannox).
Erstveröffentlichung des Original in „Idler", 1893.

„Los Nr. 249" (Lot No. 249).
Erstveröffentlichung des Original in „Harper's Monthly Magazine", 1892.

„Das Fiasko von Los Amigos" (The Los Amigos Fiasco).
Erstveröffentlichung des Original in „Idler", 1892.

SIR ARTHUR CONAN DOYLE

DIE BEKENNTNISSE DES STARK MUNRO

ROMAN

VERLAG 28 EICHEN